果树产区规划

Beijing
Fruit
Tree
Production
Area
Plan

李天红
高照全 著

化学工业出版社

·北京·

杰、王鹏和王爽；北京农业职业学院高照全和雷恒久；北京市园林绿化局方建辉和单宏臣。本研究得到了北京市园林绿化局"2016 年果树产区规划调研"项目和北京市气象局支持，并提供了大量基础数据和相关资料。出版过程中得到"北京市教师素质提升计划——职教名师"项目资助，在此表示衷心感谢！

　　由于果树产区规划涉及面广，加之笔者能力有限，所以相关内容和观点还有许多不足之处，希望各位专家批评指正！

李天红

目 录

摘　要

"十二五"期间，北京市果树产业通过调结构、转方式推动了产业优化升级，实现了内涵式发展，果品产量及产值涨幅明显，果树产业的组织化程度不断提升，果品市场化建设稳步推进，各区县所主导的果树产业优势逐步显现，为促进首都经济繁荣、推动新农村建设和丰富市民生活、率先形成城乡经济社会发展一体化新格局奠定了坚实的基础。

截至"十二五"末，北京市果树面积 204 万亩（1 亩 = 667m^2），产值 43.5 亿元，从业果农户 28 万户（企业），果树产业为解决北京市"三农"问题做出了重大贡献。但果树产业发展中也面临着一些新的问题，北京市的果品产量较国内其他果品主产区总量偏低，各区之间的果树产业发展不平衡，且同一区同一树种的不同果园经营管理水平也存在较大差异，使得区域果树产业发展水平和产业效益的差异凸显；同时随着北京城市化进程加快，果树栽培面积不断减少。提质增效，实现现有资源的最优利用成为产业发展的必然要求。因此，科学的果树产区区划对北京市现有果树资源的合理配置、高效利用以及今后果树产业的可持续发展显得至关重要。

为此北京市园林绿化局邀请中国农业大学等单位专家进行专题调研，多次召开专家研讨会确定研究方案。项目组依据任务书要求和专家研讨意见，在全面分析北京市关键气象因子周年变化、土壤和水资源空间分布的基础上，确定了各果树树种区划的关键指标，评价了北京市主要栽培的苹果、梨、桃、葡萄、樱桃、板栗和柿等 7 种果树的气候适应性，结合各树种现有栽培分布、规模和产量等基础数据，详尽绘制了北京市 7 种主要果树的栽培分布图，明确了各树种主产区的空间分布。在对区划指标空间化基础上，结合专家意见，对各区划关键指标范围值进行评分，建立单因子评价栅格图层，并利用 GIS 空间叠置功能，将各指标评分栅格图进行叠加，最终获得北京市各主要果树树种适宜产区分布图；根据综合评分值，依次划分为最适宜区、适宜区、一般适宜区、不适宜区和最不适宜区五个等级，其中最适区和适宜区建议作为北京市各类果树产业发展的重点产区。最后梳理和总结了各重点产区的生产现状及存在问题，并提出发展建议。相关结果对进一步挖掘北京市各果树产区的生产潜力，激发果树产业活力，提升全市果树产业整体发展水平提供了可靠的科学依据。

1 国内外果树生产概况与我国果树产区分布

1.1 世界果树生产概况

果树按叶的生长期可分为落叶果树和常绿果树两类，前者主产在温带地区，如苹果、桃、李、杏和葡萄等；后者主产于热带和亚热带地区，如柑橘类、荔枝和枇杷等，也可按适宜栽培的气候条件分为温带果树、亚热带果树和热带果树。果品种类繁多，营养丰富，对维持人体的正常生理活动及健康水平具有重要作用。世界人口增加和城镇化水平的提高，推动了果品直接消费量的增加；同时伴随着生活方式和消费习惯的转变，消费者对果品加工制品需求不断扩大，加工水平逐步提升，果业产业链也逐渐延长。2014年世界果树栽培面积约5849.88万公顷，果品产量68938.67万吨，其中柑橘、苹果、葡萄、香蕉、梨是全世界栽培和消费最多的5种水果（表1-1）。2014年我国果树栽培面积1333.73万公顷，占世界果树总面积的22.80%，果品产量16099.8万吨（瓜类除外），占世界果品总产量的23.35%，居世界第一位；人均果品占有量118.38千克/年，约为世界水平的1.5倍。

表 1-1　2014年世界主要果树的栽培面积与果品产量

	柑橘	苹果	葡萄	香蕉	梨	桃	樱桃	板栗	核桃
栽培面积/万公顷	908.08	505.19	712.45	539.38	157.44	149.48	44.02	53.08	99.47
果品产量/万吨	13979.70	8463.03	7449.99	11413.02	2579.86	2279.58	224.58	205.16	346.27

注：数据来源联合国粮食及农业组织（Food and Agriculture Organization of the United Nations, FAO，简称"粮农组织"）。

1995年以来，全世界主要果品的产量和产值均呈现快速增长的趋势，果树栽培面积趋于稳定，20个主要生产国占据了总生产量的73.58%（表1-2）。从生产区域看，经济发达的国家果树产业呈弱化的趋势，其中意大利、法国、美国的果树种植规模及产量均明显下降，而发展中国家果树产业则发展迅速。其中，亚洲的中国、印度和南美洲的巴西占据了世界果品生产前三位，2014年的产量分别为16099.80万吨、8847.51万吨和3740.99万吨，占世界总产量的23.35%、12.83%和5.43%。

得益于区域化布局、专业化生产和集约化栽培，以及公司化运作和社会化服务，发达国家果树产业化的程度和生产效率高，果品的商品率极高，贸易量大；而发展中国家多以小农户经营方式为主，生产效率和商品化率较低。未来世界果树生产总体规模将趋于稳定，并向着区域化布局、产业化经营、省力化栽培、安全化生产和个性化消费的方向发展。

表 1-2　世界主要果品生产国栽培面积与产量变化

序号	国家	1995 年		2000 年		2005 年		2010 年		2014 年	
		栽培面积/万公顷	产量/万吨	栽培面积/万公顷	产量/万吨	栽培面积/万公顷	产量/万吨	栽培面积/万公顷	产量/万吨	栽培面积/万公顷	产量/万吨
1	中国	828.92	4520.13	922.02	6653.03	1032.25	9346.74	1177.42	12832.45	1333.73	16099.80
2	印度	333.73	3616.23	380.82	4300.09	483.25	5154.05	640.94	7510.78	714.86	8847.51
3	巴西	242.03	3388.36	245.42	3708.19	237.83	3658.64	239.36	3883.32	225.15	3740.99
4	美国	124.31	2928.80	130.32	3280.47	121.57	2701.92	115.00	2601.67	114.21	2595.24
5	墨西哥	95.38	1165.82	107.78	1331.37	117.14	1526.59	123.70	1546.20	130.28	1785.10
6	西班牙	178.15	1157.27	183.34	1614.70	182.14	1563.81	164.23	1625.89	155.52	1776.41
7	印度尼西亚	68.59	957.07	50.06	841.29	69.30	1452.91	63.38	1488.11	73.41	1736.50
8	菲律宾	86.03	1015.53	94.68	1079.59	107.99	1287.49	122.30	1606.89	131.21	1623.29
9	意大利	140.78	1626.14	136.97	1798.95	126.72	1821.62	127.32	1748.76	114.50	1564.45
10	土耳其	103.21	959.30	100.78	1086.14	104.08	1267.84	108.09	1394.37	119.85	1429.13
11	伊朗	100.72	1030.01	111.70	1228.54	136.88	1415.17	102.72	1232.91	98.47	1277.41
12	埃及	35.30	590.38	41.49	696.68	41.86	858.30	47.97	959.96	53.88	1168.25
13	尼日利亚	142.40	792.84	173.09	938.72	173.00	964.33	181.88	1076.29	186.97	1126.95
14	泰国	72.45	731.72	101.21	1046.89	112.73	1008.09	113.34	990.87	109.17	1118.29
15	哥伦比亚	56.55	626.91	65.81	731.76	68.69	803.67	70.82	852.24	75.91	922.64
16	法国	108.61	1126.16	103.00	1128.13	100.24	1031.71	89.40	879.14	86.84	870.34
17	厄瓜多尔	36.58	644.80	42.88	767.05	43.59	751.73	44.53	928.94	39.79	836.48
18	阿根廷	46.76	727.61	43.17	717.47	49.77	848.77	47.20	765.01	48.21	802.76
19	越南	38.48	397.89	46.57	456.60	50.05	591.64	56.02	680.05	57.70	733.84
20	南非	24.75	383.84	29.57	511.09	28.51	572.05	26.88	596.08	30.18	692.22
	合计	2863.73	28386.81	3110.68	33916.75	3387.59	38627.13	3662.50	45199.73	3899.84	50747.60

注：数据来源 FAO。

1.2 中国果树生产概况

我国自然气候资源十分丰富，自北向南跨越六大气候带。多样性的地形、土壤、降雨和光照等自然条件，构成了多种农业生态类型，特别是纬度和海拔的巨大差异，产生了多种生态环境类型，使得几乎所有果树树种都可以在我国进行商业化生产，而且可以通过优势产区区划生产出高品质果品，并利用纬度差异进行产期调节。

目前我国果树的面积和产量均位居世界第一，是名副其实的果品生产大国。2014年，我国果树面积达1333.7万公顷（瓜类除外），比2005年增加了29.2%。其中，苹果栽培面积227.2万公顷（占世界苹果总面积的45%，居世界第1位），柑橘总面积240.4万公顷（占世界柑橘总面积的26%，居世界第1位），梨总面积111.9万公顷（占世界梨总面积的71%，居世界第1位），葡萄总面积77.0万公顷（占世界葡萄总面积的11%），香蕉总面积40.5万公顷（占世界香蕉总面积的8%）（表1-3）。2014年全国果品总产量16099.8万吨（瓜类除外），比2005年增长72.3%。其中，苹果产量4093.5万吨（占世界总产量的48.4%，居世界第1位），柑橘产量3546.9万吨（占世界柑橘总产量的25.4%，居世界第1位），梨产量1809.9万吨（占世界总产量的70.2%，居世界第1位），葡萄产量1262.8万吨（占世界总产量的17.0%），香蕉产量1209.2万吨（占世界总产量的10.6%）（表1-3）。2016年全球桃和油桃产量为2000万吨，与2014年持平。中国是最大的桃和油桃生产国，2014年，中国桃和油桃产量为1245万吨，占全球总产量的54.6%；2016年，中国桃树种植面积增加使其桃和油桃产量上升至1350万吨，较2014年增加100万吨，弥补了欧盟、美国和土耳其等国家和地区的减产。（1980年～2015年我国主要果树和果品面积、产量变化可见图1-1、图1-2。）

表1-3 2014年我国主要栽培果树占世界比例

树种	栽培面积/万公顷	占世界比例/%	产量/万吨	占世界比例/%
苹果	227.2	45	4093.5	48.4
柑橘	240.4	26	3546.9	25.4
梨	111.9	71	1809.9	70.2
葡萄	77.0	11	1262.8	17.0
香蕉	40.5	8	1209.2	10.6

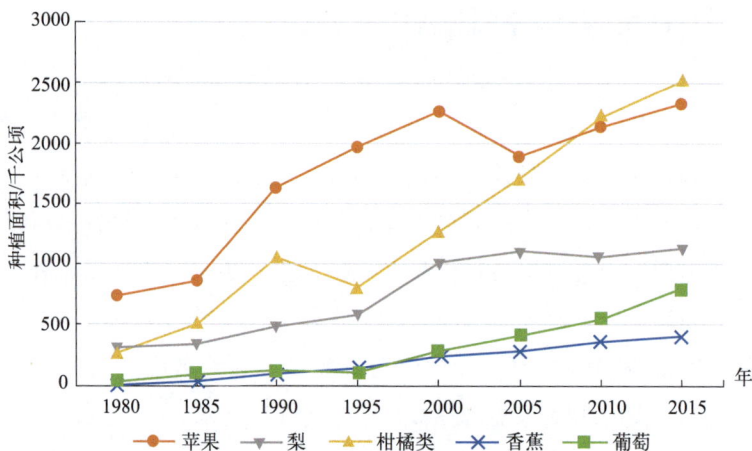

图 1-1　我国主要果树种植面积变化

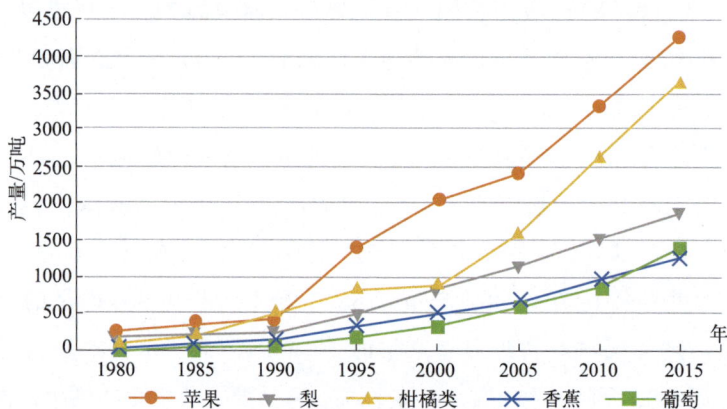

图 1-2　我国主要果品产量变化

1.3　中国果树产区分布

中国地域广阔，生态条件多样，是众多果树的起源地，也是多种果品的最大生产国，果树栽培面积和产量居世界第一位。以我国各地自然生态条件及各类果树对生态条件的适应程度为依据（陈尚谟等，1988），可将全国划分为 8个果树区（带）。

1.3.1 耐寒落叶果树带

此带位于中国东北部，即沈阳以北至黑龙江的黑河。年平均气温 0.5～7.3℃，1 月平均气温 −23.5～−13.0℃，7 月平均气温 22.8～24.9℃，绝对最低气温 −45.2～−33.1℃；年降水量 472.7～729.9 毫米；无霜期 125～150 天。此带气候特点是：生长季节短，生长期内的气温及降水量均能满足一般落叶果树生长结果的要求，但休眠期中，气温及湿度过低，寒风凛冽，对果树越冬极其不利。主要栽培的果树为：小苹果、秋子梨、李、杏、山楂、榛子、越橘、山葡萄、树莓、醋栗和穗醋栗等。

1.3.2 干旱落叶果树带

此带包括内蒙古自治区，新疆维吾尔自治区，河北承德、怀来，北京怀柔以北，宁夏回族自治区吴忠，甘肃兰州，青海西宁以北地区。为我国干寒地区，界限内年降水量一般低于 300 毫米，年平均气温 6.9～10.8℃，1 月平均气温 −12.6～−6.2℃，7 月平均温度为 18.7～27.2℃，绝对最低气温为 −31.8～−22.5℃，绝对最高温度 38.0～48.1℃；无霜期 150 天以上，最少为 125 天。分布最广的果树为杏、梨；其次为沙果、槟子、海棠；再次为葡萄。此外，桃、苹果、西洋梨、李、核桃、枣、石榴、无花果、扁桃和阿月浑子等也有一定数量的栽培。

1.3.3 温带落叶果树带

主要落叶果树均在此带内集中生产，其范围最广，是我国落叶果树的最大生产基地。此带界限在干旱落叶果树带和耐寒落叶果树带以南，包括辽宁南部、西部，河北，山东，山西，甘肃，江苏，安徽部分地区，河南中、北部，陕西中、北部，以及四川西北部。年降水量多数在 600～700 毫米。年平均气温 10～15℃，1 月平均气温为 −7.6～−0.5℃，7 月平均气温 23.6～29.7℃，绝对最低气温 −29.5～−15℃；无霜期 200 天左右。栽培最多的果树为：苹果、梨、枣、柿、葡萄、杏、桃、板栗和山楂等；核桃、石榴、无花果、草莓和樱桃等也有较多栽培。

1.3.4 温带落叶、常绿果树混交带

由温带落叶果树带向南，北至北纬（N）30°左右，为落叶果树与常绿果树的过渡地带。其南界东起浙江钱塘江，西经江西上饶、南昌，湖南岳阳，沿长江西北行至湖北宜昌，再西经四川苍溪、茂县，而至汉源一带。年平均气温为 15.0～18.6℃，1 月平均气温 0.3～5.1℃，7 月平均温度约 28℃，绝对最低气温－13.8～－5.9℃；平均年降水量 1000 毫米左右；无霜期 250～300 天。本带内仍以落叶果树为主，主要树种有：桃、梨、枣、柿、李、樱桃、板栗和石榴等，苹果和山核桃也有少量生产栽培。还有部分常绿果树，如柑橘、梅、枇杷、杨梅和香榧等。

1.3.5 亚热带常绿果树带

此带位于落叶、常绿混交带以南，东起台湾的台中向西经福建的泉州、漳州，再经广东潮汕、佛冈至广西梧州、桂平，西至云南开远、临沧，南界大致在 23°N 左右，是我国亚热带常绿果树的主要生产基地。年平均气温 17～22℃，1 月平均气温最低不低于 4℃，7 月平均温度为 28℃，绝对最低气温－4～－3℃；年降水量为 1500 毫米左右；无霜期 300～350 天。此带内栽培的主要果树为柑橘、龙眼、荔枝、枇杷、橄榄和杨梅；热带果树如菠萝、香蕉栽培较少；落叶果树中沙梨、枣、柿、李和板栗等均有少量栽培。

1.3.6 热带常绿果树带

此带位于亚热带常绿果树带南界（23°N）以南，包括中国台湾、海南及南海诸岛。年平均气温在 21℃以上，1 月平均气温为 13.5～17℃，7 月平均气温约 28℃，绝对最低气温不低于－1℃；年降水量 1500～2100 毫米；全年无霜。此带主要栽培热带果树，以香蕉、菠萝为主，番木瓜、杧果、树菠萝、黄皮、番荔枝、椰子、人心果、鳄梨和韶子（红毛丹）等也有一定的栽培。

1.3.7 云贵高原落叶、常绿果树混交带

此带以贵州全部、云南绝大部分以及四川凉山州为主，海拔高度在 1500～2000 米。此带内果树的分布受海拔高度的影响很大，表现有明显的垂直分布规律。一般在海拔 800 米以下的河谷地带，气温高，终年无霜，且雨量多，栽

培有各种热带果树，如香蕉、菠萝、杧果、椰子、番荔枝和番木瓜等；800～1200 米地带为亚热带果树栽培区，分布有柑橘、荔枝、龙眼、枇杷和石榴；海拔 1300～1600 米则为温带落叶果树，如苹果、梨、桃、李、核桃和板栗等；1600 米以上的地带果树较少。

1.3.8　青藏高原落叶果树带

此带位于中国西南边陲，包括西藏全部、青海绝大部等，海拔多在 4000 米以上，为高寒草原区。此带内果树很少，大部分栽培果树主要分布在青、藏的河谷地带，包括少量的苹果、桃、核桃、李和杏等。西藏东南部 2000 米以下低海拔的河谷中，还有少量亚热带和落叶果树栽培，如柑橘、梨、枇杷、石榴和葡萄等。

1.4　中国主要落叶果树产区分布

1.4.1　苹果产区分布

中国是世界上苹果种植面积最大，也是总产量最高的国家。苹果产量约占总产量的 55%。2015 年中国苹果总面积在 3500 万亩左右，苹果总产量在 4000 万吨以上（孙平平等，2016；张强强等，2016）。中国共有 25 个省生产苹果，从区域分布上主要集中在渤海湾、西北黄土高原和黄河故道三大产区。渤海湾区（包括山东、河北、辽宁）占全国苹果种植总面积和产量的 44% 和 49%；西北高原区（陕西、甘肃、山西）占 34% 和 31%；黄河故道区（河南、江苏、安徽）占 13% 和 16%；西南高地占 4% 和 1%；其他地区占 15% 和 3%。上述产区中，渤海湾和西北黄土高原两大产区不仅是我国的两大苹果优势产区，也是世界上最大的苹果适宜产区，年均温度 8.5～13℃，降雨量 500～800 毫米，年日照时数 2200 小时以上，果实着色期日照率在 50% 以上；尤其是西北黄土高原产区，海拔高，光照充足，昼夜温差大，具有生产高档优质苹果的生态条件。

1.4.2　梨产区分布

中国是梨的重要起源地之一，是世界第一产梨大国（孙平平等，2016）。

在我国，梨是仅次于苹果、柑橘的第三大水果。梨品种类型极为丰富，我国目前所栽培的品种主要分属于秋子梨、白梨、沙梨、西洋梨和新疆梨5个系统。我国幅员辽阔，全国各地均有梨树栽培，而不同地区自然条件差别很大，主要产区大致可以划分为：华北产区、西北产区、长江中下游产区和特色梨产区。

① 华北产区，主要包括河北、北京、天津、山东、安徽、江苏，属温带季风气候，介于南方温湿气候和北方干冷气候之间，光照条件好，热量充足，降水适度，昼夜温差较大，是晚熟梨的优势产区。著名品种有京白梨、鸭梨、雪花梨、莱阳梨、黄县长把梨、栖霞香水梨、泰安白梨、砀山酥梨等。

② 西北产区，主要包括陕西、山西、甘肃。该区域海拔较高，光热资源丰富，气候干燥，昼夜温差大，病虫害少，土壤深厚疏松，易出产优质果品。著名品种有彬州梨、延安大酥梨、山西大黄梨、甘肃冬果梨等。

③ 长江中下游产区，主要包括四川、湖北、江西、浙江。气候温暖湿润、有效积温高、雨水充沛、土层深厚肥沃，是我国南方沙梨的集中产区。著名品种有金川雪梨、苍溪梨、金花梨、风水梨、百里洲沙梨、汉水梨、翠冠梨、杭州水蜜梨、蒲瓜梨等。

④ 特色梨产区，包括新疆库尔勒和阿克苏香梨产区、云南泸西和安宁红梨产区、辽宁南部鞍山和辽阳秋子梨产区、胶东半岛西洋梨产区等。新疆香梨为我国独特的优质梨品种，栽培历史悠久，国内外知名度较高，为我国主要出口产品。云南红梨颜色鲜艳、成熟期较早、风味独特、货架期长，出口潜力大。辽南的南果梨为秋子梨系统的著名品种，以其风味独特、品质优良、适宜加工，在国际上享有较高的声誉。山东胶东半岛的西洋梨肉质细腻、柔软、多汁、香甜可口，有较强的市场竞争优势。

1.4.3 桃产区分布

桃原产于中国西部，北起吉林，南到广东，西自新疆、西藏，东至滨海各省区市及台湾均有桃的栽培，中国是桃的第一生产大国，栽培品种丰富，按地理分布、果实性状和用途，可以划分为5个品种群，即北方品种群、南方品种群、黄肉桃品种群、蟠桃品种群和油桃品种群。按品种类群集中栽培分布可分为以下几个区域。

① 西北高旱桃区，包括新疆、陕西、甘肃、宁夏等省、自治区，是桃的原生地。年降水量250毫米左右，绝对最低气温在−20℃以下，无霜期150天

以上，为绝好的桃和油桃生产基地，可进行规模化发展。本区有大片的甘肃桃、新疆桃、毛桃野生群落；中国著名的黄桃集中于此区；白桃为北方桃系，汁少味甘，肉质致密，耐贮运；南疆盛产李光桃，甜仁桃。新疆北部由于冬季寒冷，桃树需进行匍匐栽培，果实质量好，但管理费用较高，可适度发展，以满足当地市场。

② 华北平原桃区，除华北大平原外，还包括辽南、辽西及苏皖北部。年平均气温 10～15℃，年降水 700～900 毫米，年日照时数 2400～3000 小时，无霜期 200 天左右。根据气候差异又可分为大陆性亚区、海洋性亚区及暖温带亚区（黄河故道南北），是我国桃的主要产区，可大力发展油桃，适度发展水蜜桃。该区的北部是我国桃和油桃的设施栽培最适宜区，亦可大力发展桃、油桃、蟠桃的设施栽培。著名品种有肥城桃、深州蜜桃、中华寿桃、大久保、五月红、春蜜等。

③ 长江流域温湿桃区，处于长江两岸，包括苏南、浙北、上海、皖南、赣北、湘北、湖北大部及成都平原、汉中盆地。年平均气温 14～15℃，年降水量 1000 毫米以上，年日照较少，一般为 1350～2200 小时，以发展优质水蜜桃和蟠桃为主，可适当发展不裂果的早熟油桃品种，应限制发展中、晚熟油桃品种；有些省份如湖南、江西可进行油桃的避雨栽培。

④ 云贵高原桃区，包括云南、贵州和四川的西南部，纬度低，海拔高，垂直分布显著，桃多栽培于海拔 1500 米左右的半山区。夏季凉爽多雨，冬季温暖干旱，年降水量约 1000 毫米左右。是中国西南黄桃主要分布区。著名品种有呈贡黄离核、大金蛋、黄心桃、波斯桃等；白桃有二早桃、草白桃、泸定香桃等。

⑤ 青藏高寒桃区，包括西藏、青海大部，四川西部。属高寒地带，海拔 4000 米以上，年日照时数＞2500 小时，桃栽培于海拔 2600 米以下地区。属硬肉桃区系。

⑥ 东北寒地桃区，41°N 以北，小气候较好的地方，有少量的桃树栽培，吉林延边有耐－30℃低温的毛桃，可进行桃的匍匐栽培，适度发展，自产自销。

1.4.4　葡萄产区分布

葡萄在我国栽培广泛，是中国五大果树之一，2014 年栽培面积 76.7 万公顷，产量 1254.6 万吨，分别居世界第一和第二位。根据我国葡萄栽培现状，各地区气候、土壤、地形等生态条件，以及各种群、品种的生态适应性，将全国划分为七大产区：

① 东北中北部葡萄栽培区，包括吉林、黑龙江两省，栽培面积和产量约占全国总量的 3.0% 和 2.4%。属于寒冷半湿润气候区，要采用抗寒砧木栽培，冬季枝蔓下架埋土防寒，较适宜发展特早玫瑰、紫玉、奥古斯特、87-1、碧香无核等早、中熟葡萄品种，以及巨玫瑰、藤稔、香红、巨峰等中晚熟葡萄品种。

② 西北部葡萄栽培区，包括新疆、甘肃、青海、宁夏、内蒙古五省（区），栽培面积和产量约占全国总量的 27.4% 和 24.19%。属干旱和半干旱气候区，主要靠河水、雪水灌溉栽培葡萄。栽培有无核白鸡心、蜜丽莎无核、里扎马特、红提、秋黑、红高等鲜食葡萄和赤霞珠、品丽珠、梅鹿特、黑比诺、霞多丽、雷司令、贵人香等酿酒葡萄。

③ 黄土高原葡萄栽培区，包括山西、陕西两省，栽培面积和产量约占全国总量的 6.5% 和 4.0%。以鲜食葡萄为主，主要品种有巨峰、藤稔、乍娜、里扎马特、玫瑰香、无核白鸡心、红提、黑大粒巨玫瑰、夕阳红、瑞必尔等。

④ 环渤海湾葡萄栽培区，包括辽宁省、河北省、山东省、北京市和天津市，是我国最大的葡萄产区，栽培面积和产量约占全国总量的 36.2% 和 44.0%。主要品种有龙眼、玫瑰香、巨峰、红提、秋黑、牛奶、里扎马特、京亚、康太、紫珍香、香悦、巨玫瑰、夕阳红、奥古斯特、玫瑰香、特早玫瑰、乍娜、意大利、红提、无核白鸡心等。山东张裕葡萄酒公司生产的干红、干白葡萄酒驰名中外。天津王朝葡萄酒厂也在蓟县山区栽培了赤霞珠、品丽珠、贵人香等酿酒葡萄。

⑤ 黄河故道葡萄栽培区，包括河南、山东省西南地区、江苏北部和安徽北部，栽培面积和产量约占全国总量的 10.9% 和 12.6%。主要鲜食葡萄品种有红提、秋黑、瑞必尔、黑大粒等。

⑥ 南方葡萄栽培区，包括安徽、江苏、浙江、上海、重庆、湖北、湖南、江西、福建、广西、云南、贵州、四川等省（区市）的大部分地区，栽培面积和产量约占全国总量的 11.0% 和 9.5%。为亚热带、热带湿润区，主要品种有巨峰、藤稔、先锋、黄意大利、圣诞玫瑰、瑞必尔、黑大粒、美人指、乍娜、8611 等。

⑦ 云、贵、川高原葡萄栽培区，包括云南省的昆明、楚雄、大理、玉溪、

曲靖、红河州等地区，贵州的西北河谷地区，四川省西部马尔康以南、雅江、小金、茂县、里县和巴塘等西部高原河谷地区，栽培面积和产量约占全国总量的 5.0％和 3.4％。主要鲜食葡萄品种有凤凰 51、乍娜、无核白鸡心、玫瑰香、巨峰等。

1.4.5　樱桃、板栗和核桃产区分布

樱桃是落叶果树中果实成熟最早的树种，素有"百果之先"的美名。世界上作为果树主要栽培的樱桃仅有 5 种，包括中国樱桃、毛樱桃、欧洲甜樱桃、欧洲酸樱桃和甜酸樱桃杂种。其中，甜樱桃果实色泽艳丽，果肉酸甜可口，营养丰富，外观和内在品质皆佳，非常适合观光采摘，经济效益高，是都市农业发展的优势树种，近年来发展迅速。目前，我国樱桃栽培遍布云南以北的 23 个省区市，分为环渤海湾产区（山东、辽宁、河北、北京等），陇海铁路东段沿线产区（陕西、河南、甘肃、江苏、山西、安徽等），西南、西北高海拔产区（四川、云南、贵州、新疆、青海、西藏、宁夏等），北方寒地保护地栽培区（黑龙江、吉林、内蒙古等），以及南方亚热带栽培区（云南、上海、浙江等）5 个栽培区域，其中环渤海湾产区为传统优势产区。据中国园艺学会樱桃分会数据统计，2016 年我国甜樱桃种植面积约 18 万公顷，产量约 70 万吨，已超过土耳其成为世界甜樱桃第一生产国。

板栗起源于中国，是我国最古老和驯化栽培最早的果树树种之一，在我国分布十分广泛。2014 年我国板栗栽培面积达到 2300 万亩，年总产量约 190 多万吨，占世界栗产量的 80％以上；全国板栗加工企业有 410 个，年加工量约30.1 万吨，年加工产值约为 46.2 亿元，其中年产值千万以上的企业有 59 家。板栗栽培主要分布在北京、河北、天津、山西等 23 个省区市，其中板栗栽培面积达到 70 万亩的有 6 个省，栽培面积位于我国干果栽培面积的第三位。根据板栗对生态环境的适应性分为华北生态栽培区、长江中下游生态栽培区、西北生态栽培区、西南生态栽培区、东南生态栽培区和东北生态栽培区。

我国疆域辽阔，大部分地区均能适应核桃的生长发育，以云贵高原、秦岭巴山山区、吕梁太行山区及燕山山区最为集中。截至 2013 年，经农业部、国家林业局/中国经济林协会正式命名的"中国核桃之乡"（以县为单位），全国共有 42 个。目前我国已经形成四大栽培区域：西南区（包括云南、四川贵州、重庆、西藏和广西），大西北区（包括新疆、陕西、甘肃、山西、青海和宁

夏），东部沿海区（包括黑龙江、吉林、辽宁、北京、河北、天津、山东、安徽、江苏、江西、浙江和福建）和中部区（包括河南、湖北和湖南）。《中国林业统计年鉴》的数据显示，2014 年全国核桃总面积达 554.78 万公顷，占全国经济林总面积 14.95%；核桃（干果）总产量为 271.37 万吨。作为我国核桃主产区的西南区和大西北区，产量分别为 117.43 万吨和 90.85 万吨，分别占全国总产量的 43.27% 和 33.48%，其中仅云南和新疆两地的核桃总产量就高达 128.55 万吨，占全国总产量的 47.37%；四川、陕西、甘肃、山西四省的年产量均在 10 万吨以上。伴随着核桃产业的发展，我国核桃加工也取得了巨大的进步，年加工量达 52.7 万吨，年加工产值 759.01 亿元，年产值千万元以上的企业有 177 家，带动了产业的持续发展。

2 北京市果树栽培历史和生产概况

2.1 北京地区果树栽培历史

北京地区果树栽培历史悠久，资源丰富，苹果、梨、桃、樱桃、柿和板栗等都是北京地区主要的栽培果树（刘玉等，2015）。

历史上有关北京地区栽培小苹果的文字记载，最早见于明万历三十一年（1603年）成书的《群芳谱》。清代，在今属北京市管辖的房山、延庆、昌平、怀柔、密云、平谷等县志中的物产部分，都记载有小苹果的栽培。20世纪初，北京地区开始引种大苹果，栽培的品种主要有国光、倭锦、红魁、祝、旭、红玉等。目前栽培的品种则以富士系、新乔纳金、金冠、首红、新红星、王林、皇家嘎拉、松本锦、国光和红王将等为主。

北京地区梨的栽培在清代《帝京岁时纪胜》就有过记载，当时北京种植的梨有秋梨、雪梨、波梨、蜜梨、罐梨等品种。另外，北京市管辖的密云、怀柔、平谷、昌平、门头沟、大兴、房山等县志的物产部分均有过梨的记载。清光绪三十年（1904年），开始引入西洋梨，20世纪30年代引入较多的是日本梨。之后，梨在北京各个区都有栽培，有的区经过多年栽培还选育出了一些特色梨品种。目前栽培的品种主要有绿宝石梨、皇冠梨、八月酥、八月红、新世纪梨、丰水梨、新高梨、黄金梨和爱宕梨等。

北京地区栽培桃历史悠久，早在金、元时代，就有各种栽培桃的记载。在康熙年代的《房山县志》《平谷县志》《通州县志》中也都记载了许多桃品种，如毛桃、扁桃、玉桃、金桃、银桃等。目前栽培的主要品种有大久保、早玉、瑞光系列、早久保、京玉、燕红、京艳、谷艳、蟠桃系列和晚蜜等。

自张骞出使西域以来，经过长期的栽培和选择，我国已培育出一些原产的古老品种（形成东方品种群），并对栽培技术和用途都有很好的总结。葡萄在北京栽培历史悠久，据北京市各县县志记载，清康熙年间，北京各郊区葡萄已广为栽培，分布的地区有延庆、海淀、怀柔、通县、朝阳、石景山、丰台、大兴和房山等地区，栽培品种有牛奶（又称马奶）、龙眼（又称紫葡萄）、无核白等，均保存至今。20世纪初期，北京又从欧洲引入10余个酿酒葡萄品种。1949年以后，北京地区的葡萄生产和科研工作都得到了很大的发展。目前栽培的品种主要有玫瑰香、龙眼、无核白、牛奶、保尔加尔、香妃、京秀、峰后、京玉、奥古斯特、维多利亚、无核白鸡心、里扎马特、红地球、美人指、秋黑、巨峰、赤霞珠、佳丽酿、美乐、北醇、霞多丽和康可等。

明万历年间（1573—1620年）编修的《房山县志》《昌平县志》《平谷县志》均有关于当地栽培柿树的记载，主栽品种有磨盘柿、杵头柿、火柿。19世纪20年代引进日本甜柿，1975年从日本引进富有、次郎、骏河等甜柿品种，之后又从我国山西、陕西、河南、浙江和湖北等地引进30余个品种。目前栽培的主要品种有磨盘柿、八月黄、杵头柿、杵头扁、火柿、金灯柿和杵桃柿等。

樱桃是我国古老的栽培果树之一，栽培历史已达3000余年，北京地区种植中国樱桃的栽培历史悠久，在《房山县志》《大兴县志》《密云县志》中都有过记载。而我国近现代樱桃产业的发展，开始于欧洲甜樱桃的引入。目前，北京地区栽培的樱桃品种主要有红灯、早大果、美早、布鲁克斯、红蜜、先锋、雷尼、滨库、拉宾斯、斯坦勒和萨米托等。

北京地区自古以来就盛产板栗，其中怀柔、密云以及昌平地区的板栗栽培历史都很悠久。根据《史记》记载："燕秦千树栗，其人与千户侯等"。历史上北京地区板栗的栽培都采用实生繁殖。20世纪70年代初，北京开展群众性的选优工作，从丰富的栗树资源中逐步筛选出一些优良品种。目前栽培的品种主要有燕红、燕昌、燕丰、燕魁、银丰、怀九、怀黄和燕山早丰等。

2.2 北京地区生态条件概述

北京市位于华北大平原的西北端，地理坐标为北纬$39°28'\sim41°5'$，东经$115°25'\sim117°30'$，南北长约176公里，东西长约160公里，总面积1.68万平方公里。西部、北部和东北部为连绵不断的山地，分别属于太行山脉和燕山山脉，东南部为一片缓慢向渤海倾斜的平原。山区面积约104万公顷，占总面积的62%；平原面积约64万公顷，占总面积的38%，全市地形西北高，东南低。全市目前有16个区，城区包括东城区、西城区，近郊区包括朝阳区、丰台区、石景山区、海淀区，远郊区包括顺义区、通州区、大兴区、房山区、门头沟区、昌平区、平谷区、密云区、怀柔区和延庆区。境内分布大小河流200余条，包括属于海河流域的永定河、潮白河、北运河、大清河和蓟运河五大水系。

北京的气候为典型的北温带半湿润大陆性季风气候，夏季高温多雨，冬季寒冷干燥，春、秋短促（田志会等，2005）。年平均气温平原地区为 11～13℃，海拔 800 米以下的山区为 9～11℃。全年无霜期 180～200 天，西部山区较短，年均日照时数 2400 小时左右，年平均降雨量为 483.9 毫米，为华北地区降雨最多的地区之一。

2.3　北京市果树生产概况

2015 年北京市果树栽培面积为 204 万亩，比 2010 年的 231 万亩下降了 11.7％。其中，鲜果面积 107 万亩，比 2010 年的 126 万亩下降了 15.9％；干果面积 97 万亩，比 2010 年的 105 万亩下降了 7.6％。鲜果栽培面积最大的是平谷区，为 29.8 万亩，占全市鲜果面积的 28％；全市鲜果种植面积超过 10 万亩的两个区分别为：昌平（12.03 万亩）、房山（11.21 万亩）（图 2-1）。

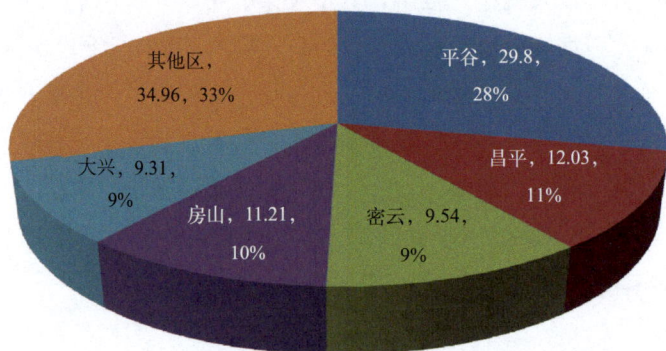

图 2-1　北京市各区的鲜果栽培面积（单位：万亩）

按树种分（图 2-2），鲜果中，桃栽培面积最大，为 31.3 万亩，其他依次为柿（13.3 万亩），苹果（12.6 万亩），梨（11.4 万亩），杏（10.8 万亩），枣（7.4 万亩），樱桃（6 万亩），葡萄（4.4 万亩）。干果栽培面积中最大的为板栗，60.8 万亩，主要分布在密云（28.9 万亩），怀柔（21.9 万亩），昌平（4.1 万亩）；核桃（21 万亩），主要分布在平谷（6.7 万亩），密云（4 万亩），房山（3.5 万亩），昌平（2.1 万亩），门头沟和怀柔（各 1.5 万余亩）。

果树产业在京郊农民增收致富中的作用日益明显，成为果农增收致富的主导产业，也为低收入农户提供了增加收入的重要渠道。2015 年全市果品产量达到 9.2 亿千克，比"十一五"期间果品平均年产量（9.07 亿千克）增长

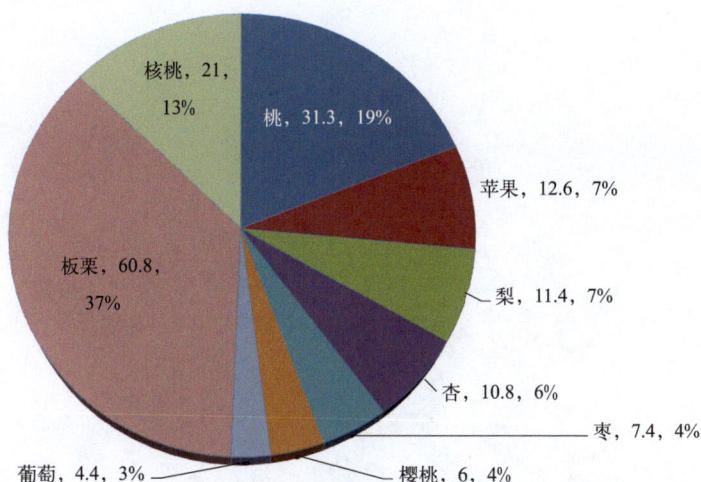

图 2-2　北京市不同果树栽培面积及占比情况（单位：万亩）

1.4%。"十二五"期间，全市年均干鲜果品收入达到 43.5 亿元，比"十一五"增长了 52.1%，最高年度为 2012 年，达到 44.1 亿元。2015 年底，全市从业果农户（企业）数 28 万户，户均年收入 15496 元，比"十一五"末的 11860 元（最高 2010 年）增长了 30.7%，其中鲜果种植户 15.9 万户，户均年收入达到 24225 元，比"十一五"末期增长了 41.4%（2010 年户均为 17128 元）。干果种植户 12.1 万户，户均年收入达到 4027 元，比"十一五"末期增长了 2%（"十一五"期间户均 3936 元）；核桃种植户年均收入较高，达到 9000 元。

2.4　北京市果树产区分布概况

北京市在"十一五"至"十二五"期间提出了"八带、百群、千园"的果树产区总体布局（张瑞等，2014；图 2-3）。"八带、百群、千园"构成京郊果树产业布局的总体框架，其中"八带"即八大树种优势产业带。

①　山前暖区苹果产业带，主要集中在昌平、延庆、顺义、密云、门头沟等山前暖区，面积稳定在 14 万亩左右。

②　永定河、潮白河沙地梨产业带，主要分布在大兴、房山、顺义，面积稳定在 16 万亩左右。

③　平原、丘陵大桃产业带，分布在平谷、大兴、昌平、通州，面积稳定在 40 万亩左右。

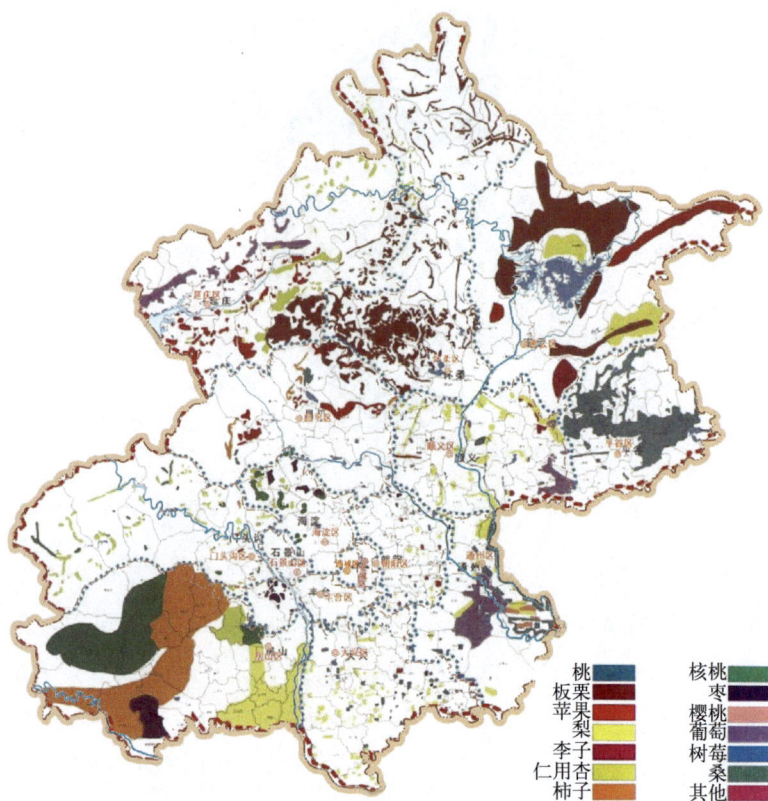

图 2-3　北京市果树产业总体布局

④ 平原、山区盆地葡萄产业带，分布在大兴、通州、延庆、顺义、房山、密云，着力发展香味鲜食葡萄，结合特色酒庄建设，适度发展酿酒葡萄。

⑤ 丘陵黄土区柿子产业带，集中在房山、昌平、平谷，面积稳定在 20 万亩左右。

⑥ 花岗岩、片麻岩成土区板栗产业带，集中在怀柔、密云、平谷、昌平，面积稳定在 65 万亩左右。

⑦ 山地沟谷核桃产业带，集中在门头沟、房山、平谷、昌平，面积稳定在 20 万亩左右。

⑧ 深山区仁用杏产业带，集中在延庆、房山、门头沟等，面积稳定在 17 万亩左右。

北京市园林绿化局结合市委市政府的总体要求和北京市果树生产实际，提出在"十三五"期间着力打造"两带、十区、六协同"的产业发展格局。

两带：一是在山区建设生态经济型木本粮油产业带（板栗、柿自古被称为木本粮食），充分利用荒山、荒滩、荒地，着重发展适应性强、耐干旱、耐瘠薄、生态防护功能显著的板栗、核桃、仁用杏、榛子等木本粮油树种，打造"沟域经济"，拓宽土地利用空间，实现增林扩绿，防风固沙，吸碳减霾，改善生态环境，保障粮油安全。二是在平原（丘陵）区建设高效节水型现代果树产业带（魏巍，2017），抓住农业结构调整和京津冀协同发展机遇，在地下水严重超采区和水源保护区，着重发展市场前景广阔、经济效益高、生态文化功能强大的苹果、桃、梨、樱桃和杏等名特优果品，实现结构调优、节水增收、休闲观光、产业富民。

十区：在两大产业带中重点建设燕山板栗示范区、丘陵柿示范区、沟谷核桃示范区、深山仁用杏示范区、山前苹果示范区、沙地河滩梨示范区、平谷大桃示范区、盆地葡萄示范区、乡土特色品种示范区和休闲采摘示范区。

2.5　北京市果树生产存在的主要问题

北京既有巨大的消费市场，也具备开展优质落叶果树生产的良好生态条件。但整体上看，其果树生产现代化水平较低，低产低效果园占比较高，部分果品价格低，导致果农收入不理想，与北京市建设世界一流和谐宜居的大都市，率先实现现代化的总体要求还存在一定的差距。与上海相比，2015年上海果树栽培面积29.29万亩，果品产量34万吨，产值22亿元；而北京市果树栽培面积204万亩，果品产量92万吨，产值43.5亿元，亩产仅为上海的38.9%，亩收入仅为上海的28.4%。分析具体原因：在生产规模上我市大部分是以家庭为主的小户经营，不利于现代化机械应用（李传友等，2014）；在生产技术上主要是传统方法，劳动力投入成本过大，占总成本的一半以上；在果品营销上果农各行其是，缺乏现代化组织和信息化应用，传统的地头摆摊和果商收购占销售量的55%以上；在安全生产上，有标准，难执行，缺乏有效监督；在果农培训中组织者往往以完成自身的项目为主，未能对果园和果农进行长期有效的指导；在政策应用推广过程中，投入很大，效果不佳。

北京市现有果树栽培面积204万亩，比全市156万亩的粮食播种面积还多30.8%；有28万户（企业）从事果树生产，占全市农业总人口的一半以上，其中12.1万户为干果种植户，平均收入仅4027元，远达不到北京市11160元的低收入家庭标准（2015 年）。同时各区之间的果树产业发展不平衡，且同一区同一树种的不同果园的经营管理水平也存在很大差异，使得区域果树产业发展水平和产业效益的差异凸显。此外，随着北京市城市化进程的加快，使得果树栽培面积不断减少，也对北京市果树产业的持续稳定发展提出了新挑战。根据北京市各区具体的生态环境条件及各类果树的生态需要，确定主要果树的适宜产区分布，并结合各类果树的栽培历史、生产现状和发展前景确定相关果树的主产区；在此基础上厘清制约各主要果树主产区发展的关键问题，提出有针对性政策建议，对于尽快提升北京市果树现代化水平，服务首都新的战略定位，促进果农增收工作都具有非常重要的现实意义（刘玉等，2015；刘宪杰，2016）。

3 北京市生态环境条件分析

果树生长和产量、品质的形成与生态环境密切相关，这些生态环境条件不但决定果树的分布，也决定着果品的品质和产量。重要的生态环境因子包括气候（光、温度、水、气、雷电、霜雪等）、地形（海拔高度、坡度、坡向、地貌等）、土壤（成土母质、厚度、质地等）、生物、社会（污染、栽培技术）等。其中温度（热量）、水分、光照、土壤和空气对果树的生命活动有直接影响，是直接生态因子也称为果树的生存因子，而海拔高度、坡度、坡向、风和雹等，只是影响直接因子的变化而对果树造成间接影响，故称为间接生态因子。无论是直接生态因子还是间接生态因子，各因素之间可以相互影响，互为因果，对果树的生长发育发生综合影响。下面结合北京地区的生态条件对这些因子进行简要分析。

3.1　北京市气候条件分析

北京地处中纬，又在东亚大陆的东岸，气候受蒙古国高压的控制，因此具有大陆性季风气候区的特征。冬季干燥，春季多风，夏季多雨，秋季天气晴朗、温和，是一年中最好的季节。北京地处西、北、东三面环山之中，经由西北吹来的冷空气，受高山阻挡，下沉时又受增温作用，故而北京的冬天比其他同纬度的地区要温暖，而夏季东南暖湿气流由于受海洋的调节作用，亦不很炎热。北京整体处于寒温带，但平原地区属暖温带、半湿润地区，而西北延庆、门头沟、怀柔等山区却有向半干旱地区过渡的趋势。在山林环抱的地方，往往又形成小气候。

北京地区四季明显，不同地区时间长短略有不同。春天，因受季风影响，干旱少雨，风沙天较多。3月以后，气温温和宜人，杏、樱桃、桃、梨、苹果等果树的花相继开放；4月上旬至5月初是最适合果园赏花的时节。北京的夏季热且多雨，虽在盛夏，但早、晚仍较凉爽；6月下旬进入雨季，7月份多为阵雨，有时会有暴雨。夏季的北京，樱桃、杏、李、桃和葡萄等果品相继成熟。北京的秋季，较少出现炎热天气，凉而干燥，梨、苹果、柿、晚熟葡萄和桃等都开始成熟，是果园收获的季节，也是各地观光采摘的旺季。北京的冬季最长，是晴朗、干燥、寒冷少雪的季节，最冷为1月份，在冬季需要保护好果树，做好冬季修剪工作。近年来，北京大力发展设施果树，尤其以草莓种植面积最大，成为市民冬季采摘鲜果的首选。

3.1.1 温度

温度制约果树的地理分布，是由年平均温度、生长期积温和冬季极端低温三者综合影响的结果。果树的任何生命活动（如光合作用、呼吸作用、萌芽、开花、果实发育等）对温度都有一定的要求和适应范围，温度过高或过低都会对果树产生伤害。高温伤害主要表现为灼伤，枝条和果实上都可能发生；低温伤害则表现有寒害、冻害和抽条（冻旱）。

北京年平均气温为 11.8℃，西部、北部年平均温度较低，而中部、南部和东部年平均温度较高（图 3-1）。北京全市的地域面积并不大，这种温度差异主要是由海拔的差异引起的，一般来说海拔每升高 1000 米，温度降低 6℃。随着地势的增高，气温由平原向西北部山区逐渐降低。山前平原地区气温较高，年平均温度为 11～13℃，延庆盆地年平均温度为 8℃，门头沟灵山、延庆

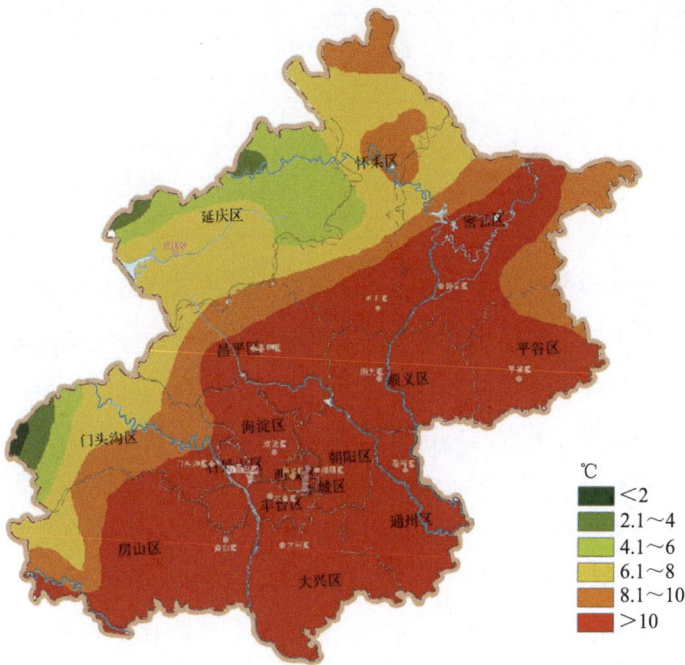

℃
- <2
- 2.1～4
- 4.1～6
- 6.1～8
- 8.1～10
- >10

本图参照北京市行政区域界线基础地理底图（全市）。

图 3-1　北京地区年平均气温分布图

大海坨山年平均温度仅 2℃。

各种果树在其长期的演化过程中，形成了以温度为主导因素的自然分布地带，在该温度范围内进行栽培则有可能成功。例如，北京的延庆地区年平均温度 8.5℃左右，冬季极端最低温度−27℃，而苹果适宜的年平均温度为 9～13.5℃，葡萄是 8～18℃，杏为 6～14℃，因此该地区不太适合苹果生长，种植葡萄需要埋土，但适合杏的生长。常见果树对年平均温度的要求如表 3-1 所示，从表 3-1 中可看出常见的落叶果树在北京平原和浅山区均可栽培，其中秋子梨、李、北方桃、北方柿、核桃等在海拔 500 米以下的盆地和浅山区均可栽培。

表 3-1　常见果树对年均温的需求

树种	年平均温度/℃	树种	年平均温度/℃
苹果	7～15	樱桃(西洋)	10～14
小苹果	6～8	樱桃(中国)	12～16
梨(秋子梨)	6～12	枣(北枣)	10～15
梨(白梨)	7～14	枣(南枣)	15～20
梨(砂梨)	12～18	柿(涩柿)	10～15
桃(北方)	8～14	柿(甜柿)	16～20
桃(南方)	12～17	核桃	8～15
杏	6～14	葡萄	5～18

一种果树能否抵抗某一地区冬季最低温的寒冷或冻害，是决定该果树能否在该地区生存或进行商品化栽培的重要条件。冬季最低温度是决定某种果树分布北限的主要指标，不同的果树树种具有不同的抗寒力（表 3-2），且同一种果树也因其生态类型、品种及树体生长状态不同，其抗寒力有较大差异。如同为梨属的两个种，秋子梨可抗−52℃的低温，而沙梨在−25℃以下就会遭受冻害。北京 1 月份最冷，1 月的低温分布如图 3-2 所示，城区的温度最高，超过−3.5℃，西北部山区温度最低，低于−7℃。全市 1 月平均温度为−4.8℃，1991 年 1 月份的平均气温为−1.1℃，打破了有气象记录以来 122 年的纪录。北京历史上平原地区极端低温出现在 1951 年的 1 月 13 日，当日最低平均温度只有−22.8℃。

表 3-2　主要果树抵抗低温情况

树种	能忍受的低温/℃	树种	能忍受的低温/℃
石榴	－17	杏	－30
葡萄	－18～－15	枣	－35～－30
草莓	－11	板栗	－29～－25
苹果	－30～－25	榛子	－40
樱桃	－20	柿	－20
山楂	－36	李	－40～－35
秋子梨	－52～－35	核桃	－31～－20
白梨	－25～－23	猕猴桃	－20
沙梨	－20	柑橘	－8～－7
桃	－25～－22	荔枝	－1～0
香蕉	4.5	龙眼	－1～0

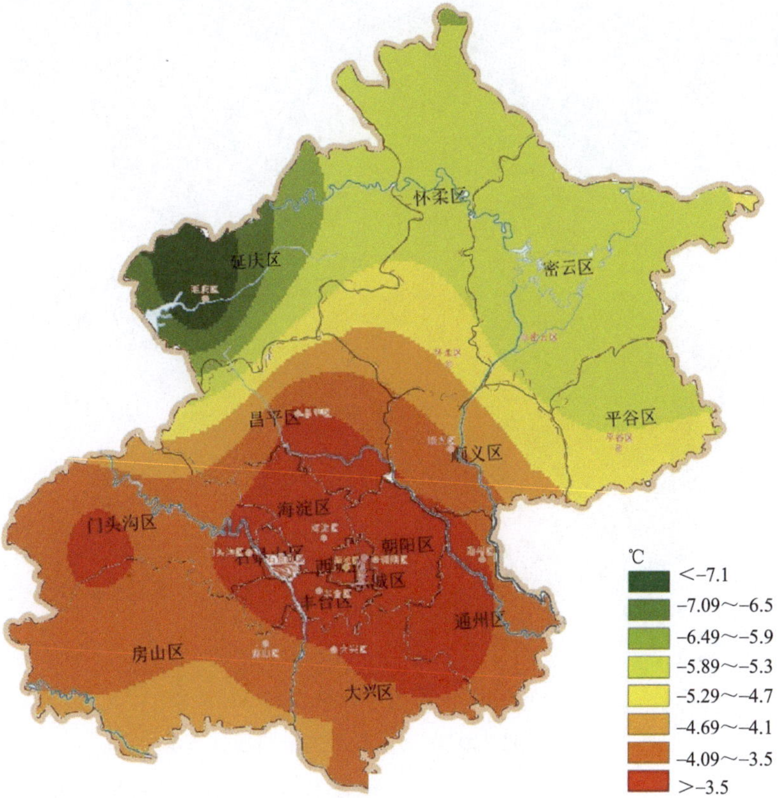

怀柔区
延庆区
密云区
昌平区
平谷区
顺义区
海淀区
门头沟区
朝阳区
丰台区
通州区
房山区
大兴区
℃
<-7.1
-7.09～-6.5
-6.49～-5.9
-5.89～-5.3
-5.29～-4.7
-4.69～-4.1
-4.09～-3.5
>-3.5

本图参照北京市行政区域界线基础地理底图（全市）。

图 3-2　北京地区 1 月低温分布图

6～9月是北京地区的夏季，也是果树生长稳定和光合产物积累最旺盛的时期，这个时期的高温往往会影响光合产物的积累和果品品质的形成。6～9月北京地区的高温分布如图3-3所示，从图中可看出较高水平的最高温主要分布在城区和东南部地区。在中心城区高温大于30℃的天数超过60天（图3-4），平原地区高温大于30℃的天数超过55天，这些地区的高温持续时间长不利于果品品质的形成，尤其不适合苹果、葡萄等树种。7月份是北京地区温度最高的月份，平均温度为25.8℃，其极限最高温度是1942年6月15日的42.6℃，而1949年以来最高温度为39.6℃。

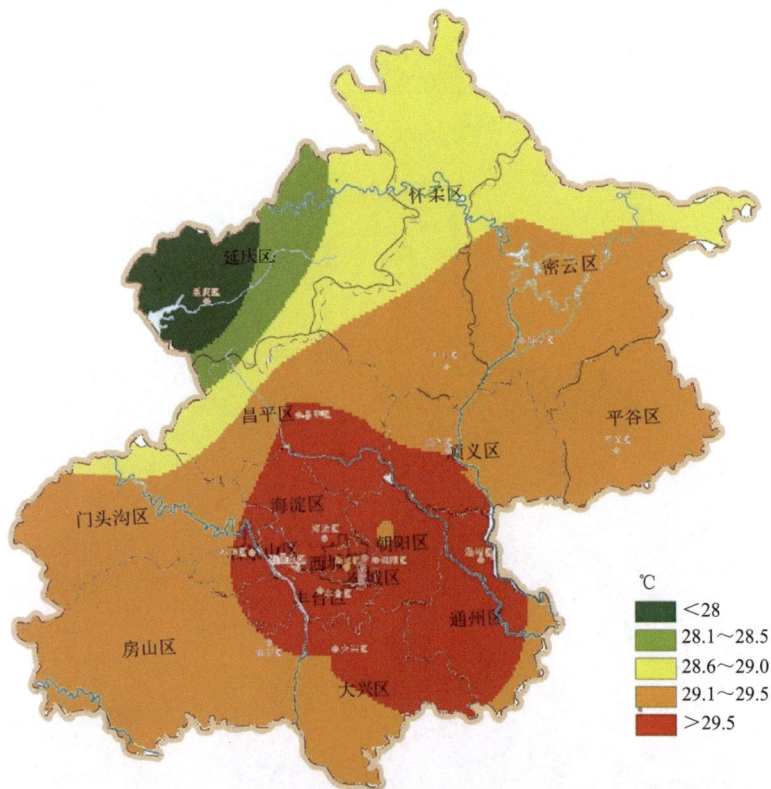

本图参照北京市行政区域界线基础地理底图（全市）。

图3-3　北京地区6～9月平均最高温分布图

3.1.2　积温、无霜期和日照分布

果树在达到一定的温度总量时才能完成其生长周期，通常把高于一定温度

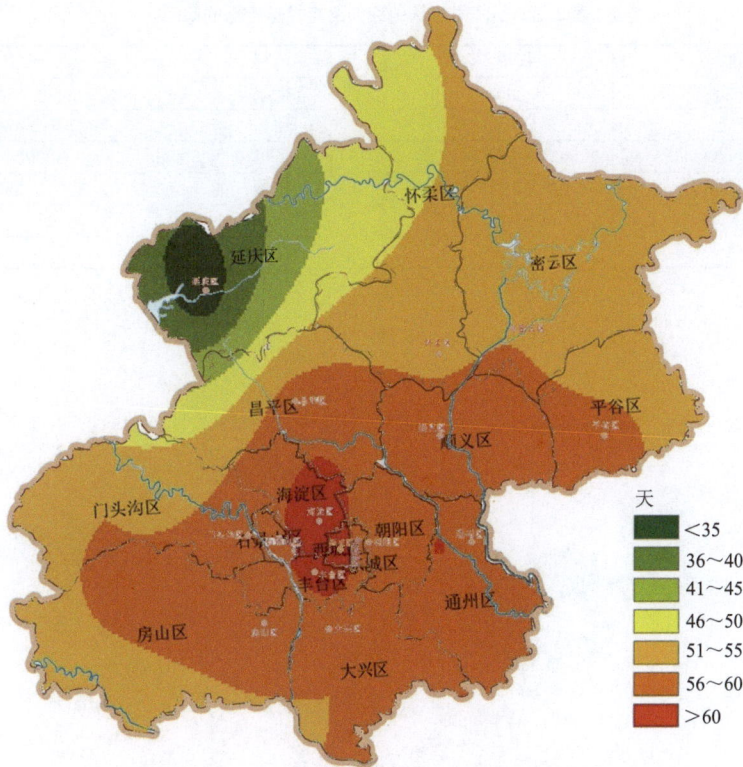

本图参照北京市行政区域界线基础地理底图（全市）。

图 3-4　北京地区 6～9 月大于 30℃天数分布

的日平均温度总量叫作积温，是果树要求热量或环境向果树提供的热量指标之一。各种果树在生长期内，或某个发育时期，如从萌芽开花到果实成熟都要求一定的积温。不同果树在生长期中对温度热量要求不同，这与果树的原产地温度条件有关。另外，同一树种不同品种对热量要求也不同，一般一年中营养生长时期开始早的品种，对夏季的热量要求较低，反之则高。常见果树从萌芽到果实成熟所需要的积温如表 3-3 所示，北京地区的积温分布如图 3-5 所示。延庆大于或等于 10℃ 的积温 3252.6℃，165 天；苹果果实成熟所需要的积温是 1099℃，葡萄 2100～3700℃，桃 1083℃，杏 649℃。所以即使在温度较低的延庆地区也能保证苹果等果树对积温的需求。

　　北京地区无霜期长达半年左右，为 180～200 天，无霜期的分布如图 3-6 所示。无霜期的分布与积温、温度分布相一致，无霜期对于农作物、蔬菜的影响更大，对果树而言不是很直接。

表 3-3　不同果树从萌芽到果实成熟所需的积温

树种	积温/℃	树种	积温/℃
甜樱桃	446	板栗	1327～2383
杏	649	葡萄	2100～3700
西洋梨	867	石榴	3000
桃	1083	柑橘	3000～3500
苹果	1099～2500	无花果	4800
榛子	1500	猕猴桃	4000～6114

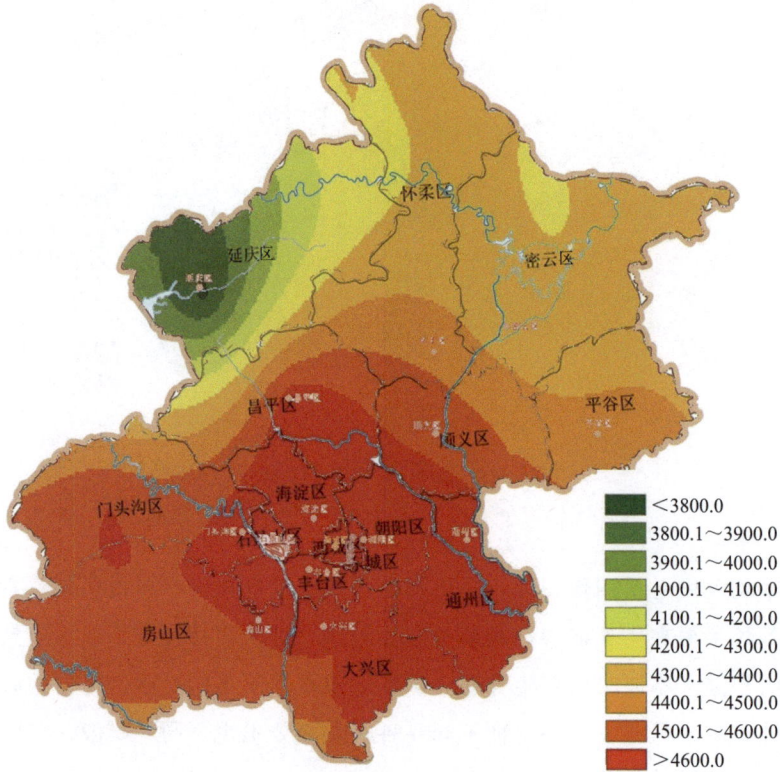

　＜3800.0
　3800.1～3900.0
　3900.1～4000.0
　4000.1～4100.0
　4100.1～4200.0
　4200.1～4300.0
　4300.1～4400.0
　4400.1～4500.0
　4500.1～4600.0
　＞4600.0

本图参照北京市行政区域界线基础地理底图（全市）。

图 3-5　北京地区大于 10℃ 积温图

　　光通过光强、光质和日照时间的长短等直接作用或通过以能量的形式影响果树光合作用及光合产物分配，从而对其生长发育、产量和品质起到重要影响。光也是果树需要的重要环境条件，对光充分、有效地利用是果树高产优质的重要途径。不同果树对光照需要程度不同，据此可将果树划分为三种类型：喜光果树，包括桃、扁桃、杏、枣等；一般果树，如苹果、梨、李、樱桃、葡

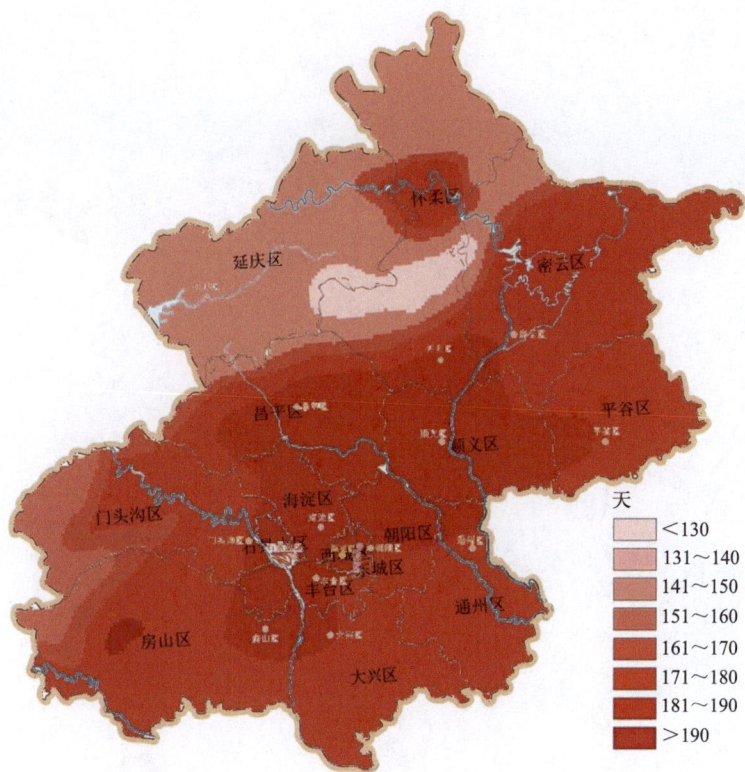

本图参照北京市行政区域界线基础地理底图（全市）。

图 3-6　北京地区无霜期分布图

萄、柿、板栗等；耐阴果树，如核桃、山楂、猕猴桃和无花果等。光照强弱直接影响果树生长发育，强光能抑制徒长，使得枝条健壮、短枝比例大，有利于花芽分化；充足的光照有利坐果，促进果实着色、糖分积累，果实品质好、耐贮藏。北京地区日照时数多年平均为 2500～2700 小时。各地区日照时数分布如图 3-7 所示，从图中可看出全市各地日照时数差异并不很大，其中延庆河谷盆地的日照时数最高，超过 2700 小时/年，该地区海拔高，昼夜温差大，再加上日照充足，是生产高品质果品的理想区域。

3.1.3　降水和空气湿度

北京地区的年降水量平均 600～700 毫米，但降水时间及地区分布极不平均。北京的 12 月、1 月、2 月、3 月降水很少，不到全年总降水量的 20%，平

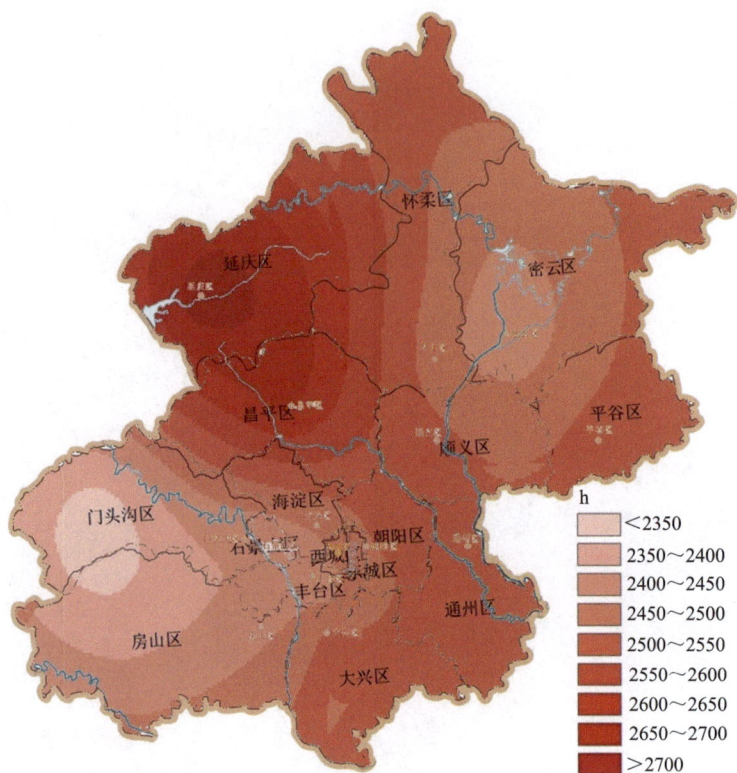

本图参照北京市行政区域界线基础地理底图（全市）。

图 3-7　北京地区年平均日照时数分布图

均每月降雪天只有 2 天左右，有时 1~2 个月片雪无落，故冬季较旱，但也有大雪纷飞的情况。夏季的降水量为 500~650 毫米，占全年降水量的 70%~90%，雨水大多集中在 6 月、7 月、8 月三个月内。山前迎风地区降水量较多，三家店、张坊、昌平、平谷、大石河等地易形成暴雨中心。1883 年 7 月 29 日，一天内降水总量达 2247 毫米；1950 年 8 月 3 日 24 小时内降雨 164 毫米；1972 年 7 月 27 日，怀柔枣树林日降水量达 479.2 毫米。北京地区春季平均降雨量为 58.5 毫米，夏季平均降雨量为 510.5 毫米，秋季平均降雨量为 85 毫米，冬季降雨量仅为 28.0 毫米。

　　北京地区的降水分布如图 3-8 所示，降水差异主要与山脉位置有关，迎风坡为降水集中地区，而背风坡的降水量则明显减少。北京地区东南部，属平原区，海拔较低，降水量年平均约 600 毫米左右。山区的延庆盆地、门头沟的斋堂清水河谷一带,属夏季风的背风坡,降水较少,年平均量都不足 500 毫米。相对的迎风坡则降水量大增,如怀柔八道河、房山漫水河、平谷将军关和房山佛子庄一带降水量年平均超过 700 毫米,八道河最高曾达 820 毫米。

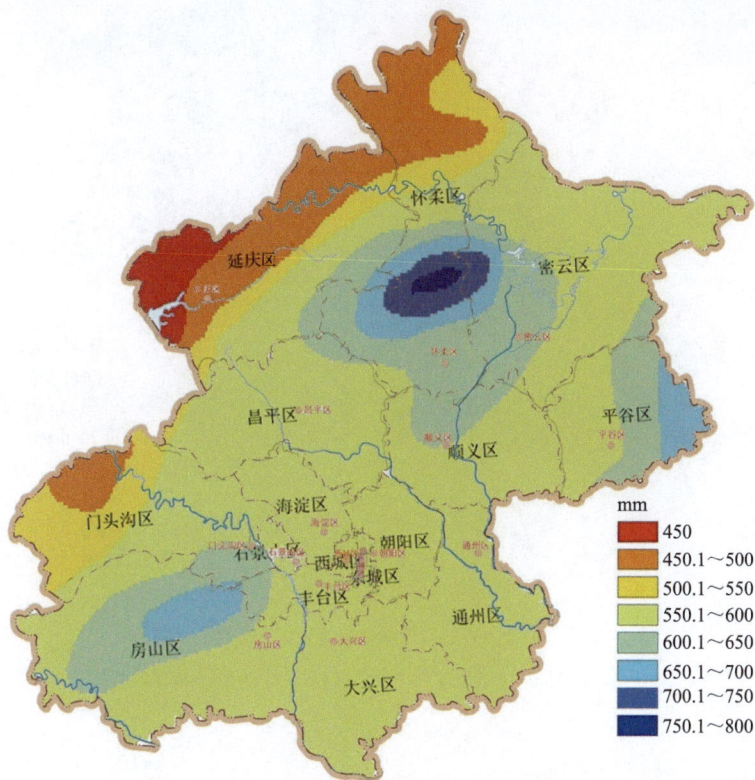

本图参照北京市行政区域界线基础地理底图(全市)。

图 3-8　北京地区多年平均降水量分布图

　　空气湿度通过影响果树蒸腾速率和体内水分代谢而对果树的生长发育产生明显的影响。果园内的空气湿度主要取决于大气湿度,当降水量大,土壤湿度大时,空气湿度就大。同时也受灌水、果树树体大小、蒸腾系数等因素的影响。春季果园内的空气湿度大可提高果树的授粉结实率,而夏季北京地区若降雨量大,使空气湿度过大时往往造成病害严重,其中对于葡萄的影响最大。北京地区全年冬季、春季空气特别干燥,夏季湿度大,秋季较为适宜,其中夏季 7～8 月空气相对湿度的分布如图 3-9 所示。

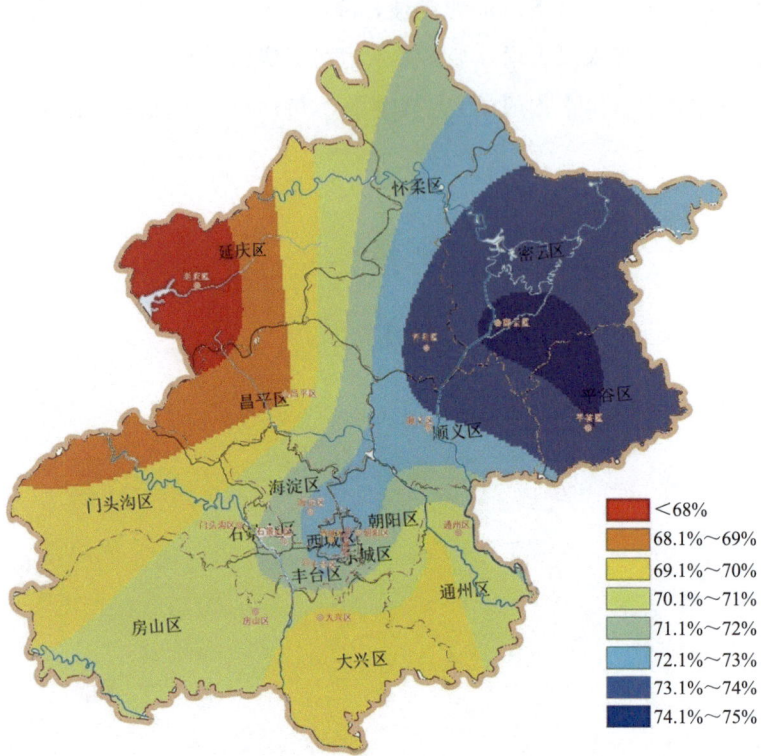

■	<68%
■	68.1%～69%
■	69.1%～70%
■	70.1%～71%
■	71.1%～72%
■	72.1%～73%
■	73.1%～74%
■	74.1%～75%

本图参照北京市行政区域界线基础地理底图（全市）。

图 3-9　北京地区 7～8 月份空气湿度分布图

3.1.4　区域性小气候

北京山区面积约为 10417 平方公里，约占全市总面积的 62%。因海拔、地形差异，山区和平原的小气候差异很大。海拔 600 米以下的丘陵山区，比平原地区年平均气温偏低 3℃左右，比 600 米以上的山区年平均气温偏低 5℃左右。地势最高的西北部地区，特别是海拔 2000 米以上的海坨山、东灵山地区，则比平原地区年平均气温偏低达 10℃之多。山区与平原的季节差异以 3 月下旬最为突出。平原地区 3 月份，果树开始萌芽，杏花、桃花等陆续开放。相比之下，延庆地区入春时间，至少比近郊区推迟半月以上。平原区一般 10 月 20 日左右初霜，山区则提前半月。所以在山区种植晚熟桃、冬枣等需热量较高的树种、品种则不适合。冬季的初雪期，山区比平原早半月以上，积雪日超过 40 天，高山峻岭上多的长达半年之久，而避阴处可见终年积雪。

3.2 北京市地形分布

北京市位于华北平原西北部，周围与河北省和天津市相邻。东西宽160公里，南北长170公里，东南距渤海150公里。北京市行政区划现有16个区，果树主要分布在远郊区，包括门头沟、房山、通州、顺义、大兴、昌平、平谷、密云、怀柔和延庆。北京市总面积16808平方公里，其中山区占62%，平原占38%。西部山地属太行山山脉，北部山地属燕山山脉，平原呈西北高东南低的趋势倾斜（图3-10）。海拔越高，温度越低，低温限制了很多果树的分布；同时海拔越高，昼夜温差越大，又提高了果实品质。所以北京山前暖带、浅山地区、河谷盆地等是种植果树的最佳地区。

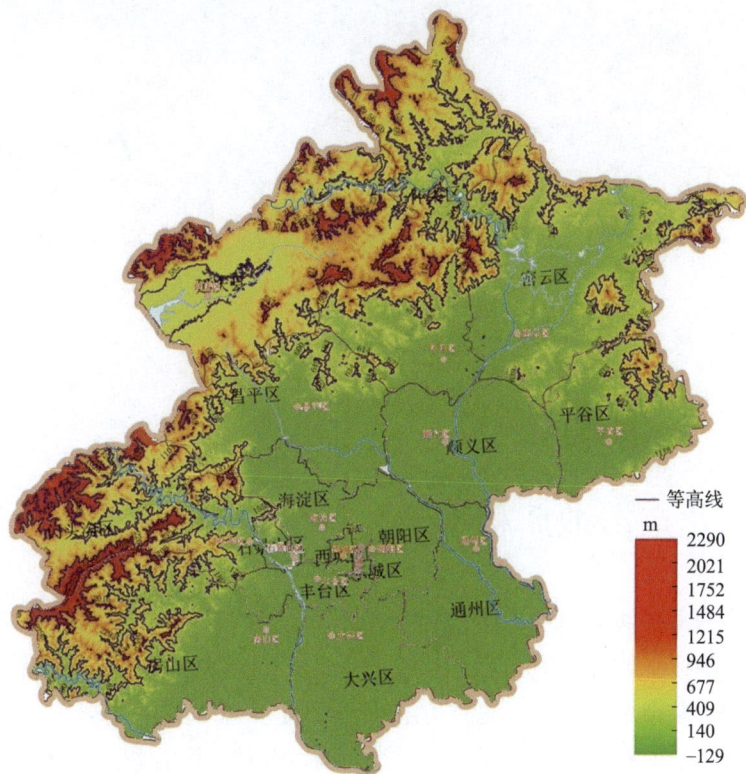

本图参照北京市行政区域界线基础地理底图（全市）。

图 3-10 北京地区海拔分布图

根据各地的海拔可求出各地坡度的分布，如图 3-11 所示，一般来说坡度在 5°以下种植果树最好，6°~15°通过修筑梯田也可以栽培果树，大于 20°的地区则不适宜栽种果树。

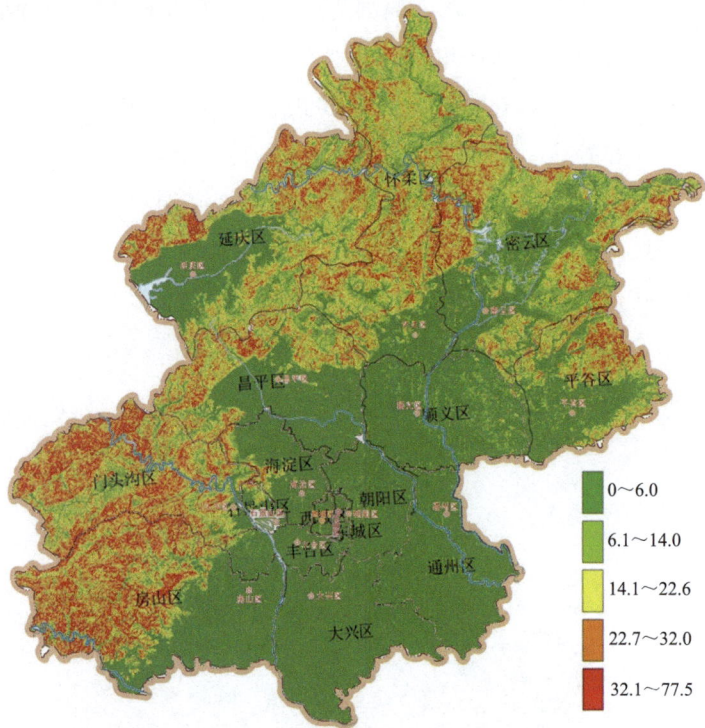

| 0~6.0 |
| 6.1~14.0 |
| 14.1~22.6 |
| 22.7~32.0 |
| 32.1~77.5 |

本图参照北京市行政区域界线基础地理底图（全市）。

图 3-11　北京地区坡度分布图

3.3　北京市地质构造

地质构造运动对地形的形成起决定作用，也对岩石类型的形成有直接影响。北京地区整体处于华北地台中部——燕山沉降带的西段，中生代的燕山运动对现在北京市地形的确立起了主要作用，主要有三个皱褶带，形成了北东东、北东、北北东三套不同的构造体系和构造盆地。随着新生代晚期构造的强烈抬升，最终形成了北京西北高、东南低的整体地貌。根据地质构造和岩浆活动等特点，北京地区的地质构造主要有三种类型：①西山凹陷：包括北京西山褶皱隆起区、北京向斜区和大兴隆起区；②北山隆起：包括青白口穹窿区、延庆昌平活动断裂区和密怀升起断裂区；③蓟县凹陷：主要是平谷稳定褶皱区。

在漫长的地质运动过程中，伴随着地壳运动的发展，褶皱变动与断裂变动广泛发育，岩浆活动也很频繁，特别是酸性深成侵入岩体和中性喷出岩体的分布较广。目前北京岩浆岩分布面积 2000 平方公里，约占山区面积的 20％，主要在北部和西部，使得这些地区土壤呈中性或弱酸性。北京地区的印支运动使得怀北七道河西沟花岗岩、房山南窖闪长岩和盘山石英二长岩等侵入，闪长岩风化后的土壤呈弱酸性，因此良乡板栗主要分布在南窖周边的几个村。

地质构造的差异与果树生产关系并不直接，但是不同的成土母质能影响土壤的酸碱度，对果树生长有一定的影响（表 3-4），特别是对板栗、蓝莓等需要酸性土壤的这类果树的分布影响明显。在延庆—昌平活动断裂，包括怀柔西部地区，有大面积酸性岩基，该地区的土壤呈酸性。密怀升起断裂区内除了有大量深成、浅成侵入岩体外，还有大面积太古界变质岩系外露，这些地区形成的土壤也是酸性的，所以这些地区也是北京栽培板栗最为集中的区域。

表 3-4 不同果树对土壤酸碱度的适应范围

果树种类	pH 适应范围	pH 最适范围
苹果	5.3～8.2	5.4～6.8
梨	5.0～8.5	5.8～7.0
桃	5.0～8.2	5.2～6.8
葡萄	5.1～8.3	5.8～7.5
板栗	4.6～7.5	5.5～6.8
枣	5.0～8.5	5.2～8.0
柑橘	5.0～6.5	6.0～6.5
蓝莓	4.0～5.5	4.0～4.8

3.4　北京市土壤质地和土壤类型分布

土壤是果树生长发育的基础，果树从土壤中不断吸收水分和营养物质供其正常生长发育（叶回春，2014）。土壤质地结构、理化性状、养分水平、酸碱度及微生物组成与果树生长发育关系密切，其中对果树影响较大的是土层厚度、土壤质地、土壤酸碱度、土壤肥力及有害盐类浓度等（Puglisi et al.，2005；Puglisi et al.，2006）。一般来说砂性土壤保水能力差，但土壤中空气（主要是氧气）浓度大，有利于果树生长发育。常见果树生长发育与土壤中氧气浓度的关系如表 3-5 所示。

表 3-5　不同果树生长发育与土壤空气中氧浓度（%）的关系

树　种	正常发育	新梢受抑	新梢停长	根系枯死
苹　果	6	5	3	1
梨	5	4	2	1
君迁子	4	3	2	0.5
蜜　柑	4	3	1	0.5
枳	4	3	1	0.5
葡　萄	7	4	2	0.5
桃	8	6	2	2

北京市大多数区土壤质地主要为轻壤质；少部分土壤的质地为砂壤质，主要分布在怀柔、密云、延庆、平谷、顺义、通州、大兴和昌平的部分地区；极少部分中壤质土壤零星分布在延庆、平谷、海淀、顺义和通州等地区；还有极少部分砂质土壤主要分布在大兴区。

昌平区土壤质地主要为轻壤质，还有较少部分砂壤质和砂质土壤。

朝阳区土壤质地主要为轻壤质。

大兴区土壤质地主要为砂质和砂壤质，还有较少部分的轻壤和中壤质土壤，主要分布在与通州区的交界处。

房山区土壤质地主要为轻壤质，还有极少部分的砂壤和中壤质土壤。

丰台区土壤质地主要为轻壤质、砂壤质和砂质。

海淀区土壤质地主要为轻壤质和中壤质。

怀柔北部地区土壤质地主要为砂壤质，其南部地区土壤质地主要为轻壤质。

门头沟区土壤质地主要为轻壤质。

密云区土壤质地主要为轻壤和砂壤质。

平谷区土壤质地主要为轻壤质，还有少部分土壤质地为中壤和砂壤质。

顺义区土壤主要为轻壤质，少部分为砂壤和砂质土壤（主要分布于潮白河两侧）。

通州区土壤质地主要为轻壤质和砂壤质。

延庆区土壤质地主要为轻壤和中壤质，还有较少部分的土壤质地为砂壤质。

北京市大多数区土壤类型为褐土和潮土，占北京地区所有土壤类型面积的90%；其余土壤类型为山地草甸土、山地棕壤、沼泽土、水稻土和风砂土。其中，昌平、朝阳区、丰台区、海淀区、顺义区土壤类型主要为潮土和褐土；

大兴区、通州区土壤类型主要为潮土；延庆区、怀柔区、门头沟区、密云区、平谷区、石景山区土壤类型主要为褐土；房山区土壤类型主要为褐土，还有少部分为潮土和棕壤。

树种不同，其耐盐能力不同（表 3-6）。耐盐性较强的果树有枣、石榴、葡萄等。酸碱度影响土壤理化形状、养分可供状况和微生物的活动，从而间接影响果树生长发育。一般碱性土壤中锰、铁、硼、锌、铜等元素易固定而缺乏；而酸性土壤中钾、钙、镁易流失而缺乏，同时铝离子易多而产生毒害。

表 3-6　不同果树的耐盐能力

果树种类	盐浓度/%	
	正常生长	受害极限
苹果	0.12～0.16	＞0.28
梨	0.14～0.20	0.3
桃	0.08～0.10	0.4
葡萄	0.10～0.20	0.24
板栗	0.14～0.29	0.32～0.40
枣	0.14～0.23	＞0.35
柑橘	0.12～0.14	0.2

3.5　北京市水资源分布

水是果树生存和正常生长发育所需的最重要的环境因素之一。果树从外界获取的水分除了用于自身器官的建造和代谢活动外，大部用于蒸腾，主要是叶片的蒸腾。果树的需水量因树种不同而不同，按需水量多少排序：梨＞李＞桃＞苹果＞甜樱桃＞酸樱桃＞杏。同时果树处于不同生长发育期需水量也不相同，一般休眠期需水最少，开花期、花芽分化期要求适当干旱，而新梢生长期和果实迅速膨大期需水量大，但果树的需水量和果树对干旱的忍耐能力并不一致，果树耐旱表现在有旱生形态结构，本身需水量少，如沙枣、石榴等；或有强大的根系，吸水能力强，如葡萄、杏等。耐旱性强的果树有桃、扁桃、杏、石榴、枣、无花果和核桃等；耐旱力偏弱的果树有苹果、梨、柿、樱桃和李等。此外，不同器官生长发育对水分干旱的敏感程度亦不相同。

北京地区全年平均降水总量 105 亿立方米，地表水径流量 50 亿立方米左右，其中约 17 亿立方米为河北省流入。年可供水量 45 亿立方米，偏枯水年为 38 亿立方米，枯水年为 32 亿立方米。全市实际需水量 45 亿立方米左右，其中农业用水 15 亿立方米。北京地区分成五种主要类型区：重度缺水区（年度缺水在 2180～1200 万立方米），中度缺水区（年度缺水在 1200～220 万立方米），轻度缺水区（年度水资源处于亏缺状态，但每年亏缺小于 220 万立方米），基本平衡区（水资源每年盈余不超过 760 万立方米），充裕区（年度水资源盈余 1000 万立方米左右）。其中，顺义区以及房山东部地区缺水比较严重；延庆西部、怀柔区、通州区以及城区属于缺水区域；大兴区、平谷区、延庆区整体水资源比较丰富；门头沟区、昌平区和密云区大部分地区水资源属于基本平衡区域。

3.6　北京市各地区土壤养分评价

评价方法主要采用北京市土壤养分评价标准，该方法主要是针对土壤有机质、全氮、有效磷和速效钾等重要指标进行的。

北京市土壤养分分等定级评价选择土壤有机质、全氮（N）或碱解氮（N）、有效磷（P）和速效钾（K）共 4 个指标，各指标的评分规则如表 3-7 所示。

表 3-7　北京市土壤养分指标评分规则

养分指标		评分规则				
		极高	高	中	低	极低
有机质	含量/(g/kg)	≥25	25～20	20～15	15～10	＜10
	评分/分	100	80	60	40	20
全氮(N)	含量/(g/kg)	≥1.20	1.20～1.00	1.00～0.80	0.80～0.65	＜0.65
	评分/分	100	80	60	40	20
碱解氮(N)	含量/(mg/kg)	≥120	120～90	90～60	60～45	＜45
	评分/分	100	80	60	40	20
有效磷(P)	含量/(mg/kg)	≥90	90～60	60～30	30～15	＜15
	评分/分	100	80	60	40	20
速效钾(K)	含量/(mg/kg)	≥155	155～125	125～100	100～70	＜70
	评分/分	100	80	60	40	20

注：各指标数值分级区间的分界点包含关系均为下（限）含上（限）不含，例如有机质"高"等级中，"25～20"表示"大于或等于 20，且小于 25 的区间值"，其他类同。

根据北京市土壤养分特点和各养分指标在土壤肥力构成中的贡献，参考历史资料和有关专家的意见确定北京市土壤养分各参评指标权重值（表3-8）。

表3-8 北京市土壤养分指标权重

项目	权重(W)	项目	权重(W)
有机质	0.30	速效钾(K)	0.20
全氮(N)或碱解氮(N)	0.25	合计	1.00
有效磷(P)	0.25		

注：该表来自北京市土肥信息网。

土壤综合养分指数计算每个评价地块的养分综合指数，采用加法模型：

$I = \sum F_i \times W_i (i = 1, 2, 3, \cdots, n)$，式中，$I$ 代表地块养分综合指数；F_i 为第 i 个指标评分值；W_i 为第 i 个指标的权重。

计算表明：在北京市各区中，北京市部分城区，如海淀、朝阳、丰台、石景山以及郊区门头沟、怀柔的土壤有机质评分与其他区相比评分最高，达到60分，属于中等水平；而其他区评分普遍较低，分值为40分，土壤有机质水平在全市处于低等水平。

全市各区的土壤全氮得分基本可分为3个等级：全氮评分为60分，包括海淀、朝阳、丰台、石景山、房山、昌平、顺义、平谷和怀柔，这些区的全氮水平在全市属于中等水平；全氮评分为40分，包括延庆、密云、大兴、通州；全氮评分为20分，仅包含有门头沟。

通过计算还发现，北京市城区，如海淀、朝阳、丰台、石景山的土壤速效磷水平最高，达到80分，属于高等水平；顺义、平谷、房山、大兴的土壤速效磷评分为60分，属于中等水平；延庆、怀柔、密云、昌平、门头沟、通州的土壤速效磷评分为40分，土壤速效磷含量在全市最低，属于低等水平。

全市各区的土壤速效钾得分基本可分为4个等级，昌平地区的土壤速效钾水平最高，评分为100分，属于极高水平；延庆、顺义、石景山、平谷、海淀、朝阳、丰台和门头沟的土壤速效钾评分为80分，属于高等水平；怀柔、密云、通州的土壤速效钾评分为60分，属于中等水平；房山、大兴土壤速效钾养分评分最低仅为40分，属于低等水平。

根据各指标的评分值和指标对应的权重值（表3-8）计算得到的养分综合指数，依据北京市土壤养分等级划分规则（表3-9），将土壤养分划分为"极高、高、中、低和极低"共5个等级。

表 3-9　北京市土壤养分等级划分规则

等级	综合指数(I)	等级	综合指数(I)
极高	100～95	低	50～30
高	95～75	极低	30～0
中	75～50		

注:综合评分数值分级区间的分界点包含关系均为下(限)含上(限)不含,如"高"等级中,"95～75"表示"大于或等于 75,且小于 95 的区间值",其他类同。该表来自北京市土肥信息网。

如图 3-12 所示,北京部分城区,如海淀、朝阳、丰台、石景山的土壤养分综合指数最高为 69,属于中等偏高水平;平谷、顺义、昌平这些区的土壤综合指数在 50 以上,属于中等水平;其他区的土壤肥力综合指数都低于 50,土壤养分在全市处于低等水平,其中密云、大兴和通州最低。

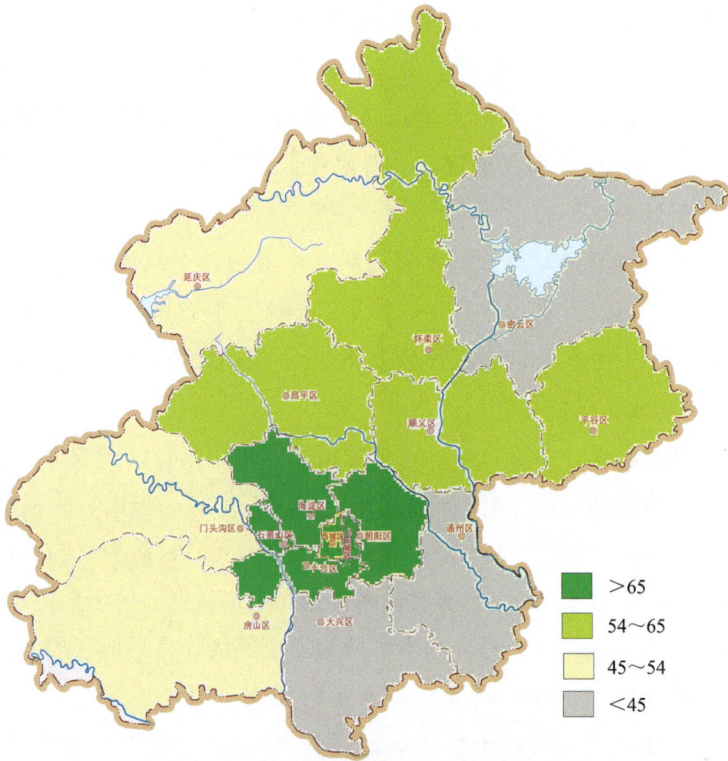

本图参照北京市行政区域界线基础地理底图（全市）。

图 3-12　北京市各区土壤养分综合指数

4 北京市主要果树气候适宜性分析

4.1 北京市苹果产区气候适宜性分析

由表 4-1 可知影响苹果生长栽培的主要气象因子包括 1 月平均温、7 月平均温、年均温、年均日照数、全年昼夜温差、6～8 月昼夜温差、极端低温、大于或等于 7.2℃积温天数、需冷量、6～9 月平均温、4～10 月平均温、6～8 月平均温、4～9 月平均温、大于或等于 10℃活动积温、大于或等于 10℃有效积温等。

表 4-1 北京市各区苹果栽培面积与各气象因子的相关性分析

气象因子	相关系数	气象因子	相关系数
1 月平均温	−0.635*	极端低温	−0.629*
7 月平均温	−0.583*	极端高温	−0.446
年均温	−0.629*	≥7.2℃活动积温	−0.530
年均无霜期	−0.489	≥7.2℃有效积温	−0.520
年均霜期	0.489	≥7.2℃积温天数	−0.570*
年均降水	−0.241	需冷量	−0.583*
4～9 月降水	−0.229	4～9 月平均温	−0.603*
6～9 月降水	−0.223	4～10 月平均温	−0.691**
6～9 月降水占比	−0.188	6～9 月平均温	−0.589*
年均日照数	0.586*	6～8 月平均温	−0.582*
平均风速	0.160	≥10℃活动积温	−0.605*
昼夜温差	0.536*	≥10℃有效积温	−0.605*
6～8 月昼夜温差	0.586*	—	—

注: * 在 0.05 水平上显著相关; ** 在 0.01 水平上显著相关。

在上述气象因子中，部分气象因子反映的内容相同，通过比较筛选出相关系数达显著水平的气象因子：年均温、1 月平均温、7 月平均温、年均日照数、6～8 月昼夜温差、极端低温、大于或等于 7.2℃积温天数、需冷量、4～10 月平均温、大于或等于 10℃有效积温，并将这些气象因子用于主成分分析，评价北京市各区栽培苹果的气候适宜度（表 4-2）。

表 4-2 各气象因子的描述统计量

各气象因子	均值	标准差	分析(N)
1 月平均温	−4.10℃	1.36	14
7 月平均温	26.21℃	0.74	14
年均温	12.21℃	0.97	14

各气象因子	均值	标准差	分析(N)
年均日照数	2412.68h	101.29	14
6～8月昼夜温差	10.01℃	0.35	14
极端低温	−15.14℃	2.10	14
≥7.2℃积温天数	226.49d	6.61	14
需冷量	1482.86℃	106.06	14
4～10月平均温	20.33℃	0.83	14
≥10℃有效积温	2476.03℃	175.29	14

表4-2为基于主成分分析的各气象因子的描述统计量，包括各气象因子的均值、标准差、分析样本数，各区各项气象因子的离散程度都比较小。表中各区气象因子的均值基本符合苹果栽培所需的基本气候条件。

根据相关矩阵分析（表4-3），各气象因子间都存在不同程度的相关性，这些指标在一定程度上反映的信息有重叠性，可以采用主成分分析的方法。

表4-3 各气象因子间的相关矩阵

	$X1$	$X2$	$X3$	$X4$	$X5$	$X6$	$X7$	$X8$	$X9$	$X10$
$X1$	1									
$X2$	0.925	1								
$X3$	0.987	0.971	1							
$X4$	−0.490	−0.557	−0.530	1						
$X5$	−0.861	−0.808	−0.850	0.421	1					
$X6$	0.989	0.896	0.969	−0.446	−0.885	1				
$X7$	0.944	0.904	0.939	−0.450	−0.859	0.926	1			
$X8$	0.960	0.794	0.907	−0.352	−0.819	0.965	0.895	1		
$X9$	0.828	0.814	0.846	−0.496	−0.584	0.755	0.778	0.743	1	
$X10$	0.962	0.992	0.992	−0.538	−0.838	0.941	0.921	0.856	0.829	1

注:$X1$—$X10$分别代表1月平均温、7月平均温、年均温、年均日照数、6～8月昼夜温差、极端低温、≥7.2℃积温天数、需冷量、4～10月平均温、≥10℃有效积温。

表4-4和图4-1主要用于确定主成分分析时的综合气象指标个数，从图4-1的碎石图中可以看出，从第2个综合气象指标开始，之后的曲线倾斜程度都变得比较平缓，最后接近一条直线，由于此处的曲线变化率最高，因此可以确定提取的综合气象指标个数为1。同时从表4-4中也可以得出，当综合气象指标个数为1时，其方差贡献率和累计方差贡献率都达到80％以上，最终可确定苹果的综合气象指标个数为1。

表 4-4　解释的总方差

成分	初始特征值			提取平方和载入		
	合计	方差贡献率%	累积方差贡献率%	合计	方差贡献率%	累积方差贡献率%
1	8.350	83.504	83.504	8.350	83.504	83.504
2	0.795	7.947	91.451			
3	0.416	4.164	95.615			
4	0.217	2.174	97.789			
5	0.124	1.235	99.024			
6	0.086	0.860	99.884			
7	0.008	0.080	99.964			
8	0.003	0.026	99.990			
9	0.001	0.006	99.996			
10	0.000	0.004	100			

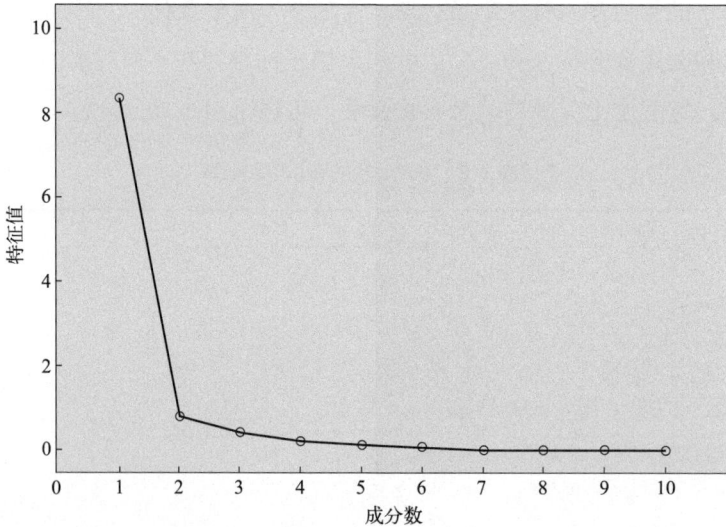

图 4-1　碎石图

表 4-5 是将北京市各区的具体气象因子经过标准化处理得到的结果，主要是为了消除评价过程中各气象因子量纲的影响。

表 4-5　北京市各区各气象因子的标准化数据

区县	$X1$	$X2$	$X3$	$X4$	$X5$	$X6$	$X7$	$X8$	$X9$	$X10$
顺义	0.221	0.252	0.199	0.368	−0.979	0.588	0.304	0.256	−1.645	0.272
海淀	0.810	0.658	0.716	−0.309	−0.486	0.635	0.879	1.020	0.782	0.631
延庆	−2.725	−3.272	−3.005	2.202	2.324	−2.599	−2.572	−2.082	−2.478	−3.157
密云	−1.179	−0.426	−0.938	−0.714	1.339	−1.315	−0.937	−1.451	−0.860	−0.707
怀柔	−0.442	−0.29	−0.317	−0.204	0.557	−0.411	−1.437	−0.602	−0.160	−0.237
平谷	−0.810	−0.019	−0.524	0.331	0.528	−0.934	−0.347	−1.262	−0.172	−0.304

区县	X1	X2	X3	X4	X5	X6	X7	X8	X9	X10
通州	0.810	0.658	0.716	0.099	−1.790	0.873	0.924	1.010	0.553	0.715
朝阳	0.516	0.252	0.406	0.174	0.035	0.588	0.410	0.680	0.505	0.274
昌平	0.516	0.387	0.509	1.643	0.267	0.397	0.470	0.614	0.613	0.469
门头沟	0.589	0.116	0.406	−1.750	−0.399	0.445	0.455	0.605	0.408	0.220
石景山	0.737	0.523	0.716	−0.876	−0.255	0.873	0.682	0.897	0.710	0.635
丰台	0.589	0.658	0.613	−0.55	−0.139	0.493	0.622	0.388	0.831	0.684
大兴	0.442	0.387	0.406	0.182	−0.515	0.493	0.319	0.360	0.589	0.429
房山	−0.074	0.116	0.096	−0.596	−0.486	−0.126	0.228	−0.432	0.323	0.07

注：$X1$—$X10$ 分别代表 1 月年均温、7 月年均温、年均温、年均日照数、6～8 月昼夜温差、极端低温、≥7.2℃积温天数、需冷量、4～10 月平均温、≥10℃有效积温。

表 4-6 是主成分分析结果，从表中可看出 X_4 和 X_5 分别为 −0.0660 和 −0.1052，说明它们和主成分呈负相关；其他系数都是正相关，系数为 0.11 左右，相差不大。

表 4-7 是北京市各区的苹果产区气候适宜度得分，其适宜度排名依次为延庆＞密云＞平谷＞怀柔＞昌平＞顺义＞房山＞朝阳＞大兴＞门头沟＞丰台＞石景山＞海淀＞通州，其中作为北京市苹果主产区的昌平、延庆、密云、顺义、平谷在北京市各区的苹果气候适宜度排名中靠前，表明这些产区的苹果气候适宜度与其他产区相比适宜度更高，具有一定的气候优势。

表 4-6 成分得分系数矩阵

成分得分系数	
气象因子	综合气候指标 1
$X1$	0.118701931
$X2$	0.114518952
$X3$	0.119110664
$X4$	−0.065966762
$X5$	−0.105209707
$X6$	0.11664985
$X7$	0.11446426
$X8$	0.110596377
$X9$	0.101051873
$X10$	0.117427589
—	—
—	—

表 4-7 北京市不同苹果产区气候适宜度得分及排名

排名	区	气候适宜度得分
14	通州	−0.898
13	海淀	−0.769
12	石景山	−0.743
11	丰台	−0.605
10	门头沟	−0.527
9	大兴	−0.431
8	朝阳	−0.397
7	房山	−0.315
6	顺义	−0.155
5	昌平	−0.112
4	怀柔	0.492
3	平谷	0.579
2	密云	0.985
1	延庆	2.895

将北京市苹果主产区昌平、延庆、密云、平谷、顺义与国内苹果优质产区陕西洛川、山东烟台、山西临猗的气候条件（包括年均温、年均降水量、无霜期、年日照时数、年平均风速等）进行聚类分析得知，其聚类结果主要分为四类：①密云、平谷、顺义、陕西洛川；②延庆；③昌平、山东烟台；④山西临猗（图 4-2）。

其中，密云、平谷和顺义苹果产区的气候与国内苹果优质产区陕西洛川的气候特征最为相似；昌平的气候特征与山东烟台的气候特征最为相似；而延庆和山西临猗的气候特征与其他产区相比则不存在相似性。

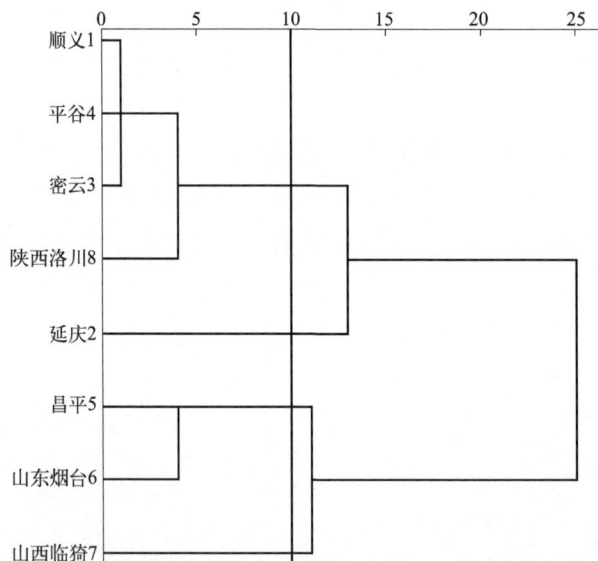

图 4-2 北京苹果主产区与国内优质产区气候因素分析

4.2 北京市梨产区气候适宜性分析

按照北京市苹果产区气候适宜性分析方法，给出北京市各区梨产区气候适宜度得分（表 4-8），各区梨产区气候适宜度排名依次为密云＞大兴＞平谷＞房山＞怀柔＞昌平＞丰台＞顺义＞朝阳＞延庆＞门头沟＞石景山＞通州＞海淀，其中作为北京市梨主产区的大兴、房山、密云、平谷在北京市各区梨气候适宜度排名中靠前，表明这些产区梨气候适宜度与其他区产区相比适宜度更高，具有一定的气候优势。顺义梨产区的气候适宜度相对其他主产区气候适宜度较差，延庆地区海拔较高，多数梨树品种不适宜栽培。

表 4-8 北京市不同梨产区气候适宜度得分及排名

排名	区	气候适宜度得分	排名	区	气候适宜度得分
14	海淀	−0.692	7	丰台	−0.22
13	通州	−0.656	6	昌平	−0.056
12	石景山	−0.539	5	怀柔	−0.042
11	门头沟	−0.468	4	房山	0.166
10	延庆	−0.402	3	平谷	0.316
9	朝阳	−0.384	2	大兴	0.375
8	顺义	−0.352	1	密云	0.45

将北京市梨主产区大兴、房山、密云、平谷、顺义与国内梨优质产区河北、砀山、莱阳的气候条件（包括年均温、年均降水量、无霜期、年日照时数、年平均风速、极端低温、极端高温等）进行聚类分析（图 4-3），得知其聚类结果分为三类：①大兴、房山、顺义、密云、平谷、河北；②砀山；③莱阳。

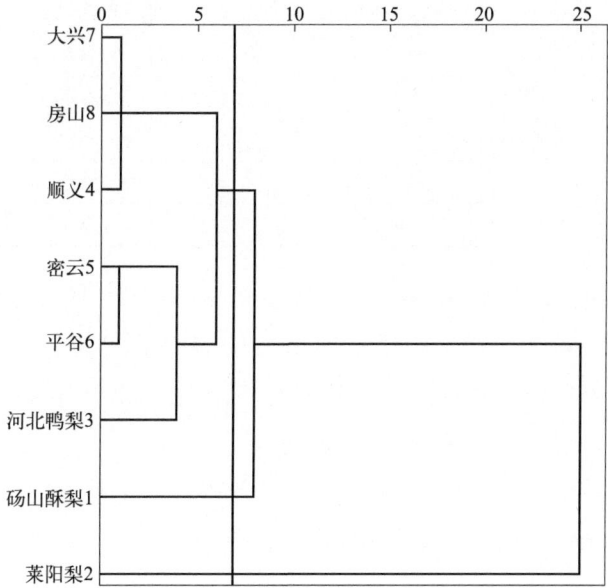

图 4-3 北京梨主产区与国内优质产区气候因素聚类分析

其聚类结果表明，大兴、房山、顺义、密云和平谷梨产区的气候特征与河北鸭梨优质产区的气候特征最为相似，而与砀山、莱阳梨产区相比气候相似度并不大。

4.3　北京市桃产区气候适宜性分析

表4-9是北京市各区桃产区气候适宜度的得分，各区桃产区气候适宜度排名依次为海淀＞平谷＞密云＞房山＞大兴＞昌平＞怀柔＞顺义＞丰台＞通州＞门头沟＞石景山＞朝阳＞延庆，其中作为北京市桃主产区的平谷、大兴、昌平、房山在北京市各区桃的气候适宜度得分排名中靠前，表明这些地区桃气候适宜度与其他区相比适宜度更高，具有一定的气候优势，而通州、顺义产区的得分较低，气候适宜度相对较差。

表 4-9　北京市不同桃产区气候适宜度得分及排名

排名	区	气候适宜度得分	排名	区	气候适宜度得分
14	延庆	−0.778	7	怀柔	−0.099
13	朝阳	−0.641	6	昌平	−0.07
12	石景山	−0.549	5	大兴	−0.019
11	门头沟	−0.513	4	房山	0.182
10	通州	−0.284	3	密云	0.491
9	丰台	−0.283	2	平谷	0.527
8	顺义	−0.274	1	海淀	0.647

将北京市桃主产区平谷、房山、通州、昌平、大兴、顺义与国内桃优质产区蒙阴的气候条件（包括年均温、年降水量、无霜期、年日照时数、极端低温、极端高温等）进行聚类分析（图4-4），其聚类结果可分为两类：①顺义、大兴、昌平、通州；②平谷、房山、蒙阴。

根据聚类结果可知平谷、房山桃产区的气候特征与国内桃优质产区蒙阴的气候特征最为相似，存在一定的气候优势。

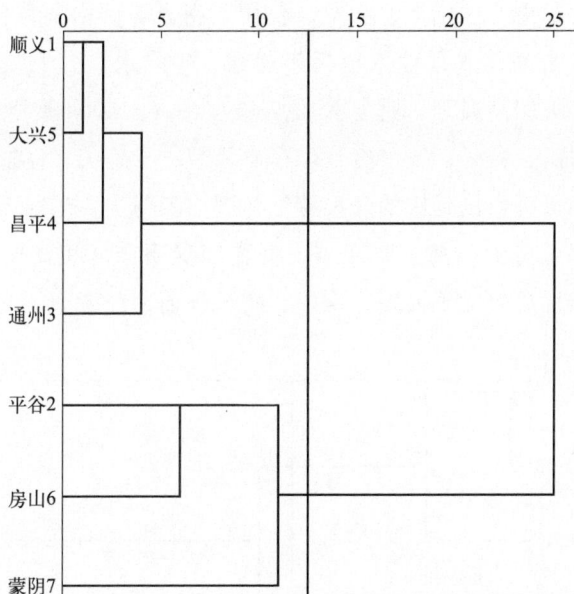

图 4-4　北京桃主产区与国内优质产区气候因素聚类分析

4.4　北京市葡萄产区气候适宜性分析

表 4-10 是北京市各区葡萄产区气候适宜度的得分，各区葡萄产区气候适宜度排名依次为延庆＞房山＞大兴＞密云＞平谷＞怀柔＞昌平＞朝阳＞通州＞丰台＞门头沟＞顺义＞石景山＞海淀，其中作为北京市葡萄主产区的延庆、房山、大兴、密云在北京市各区葡萄气候适宜度排名中靠前，表明这些地区葡萄气候适宜度与其他区相比气候更适宜，具有一定的气候优势，而其他产区的气候适宜度得分较低，气候条件相对较差。

表 4-10　葡萄气候适宜度得分及排名

排名	区	气候适宜度得分	排名	区	气候适宜度得分
14	海淀	−0.512	7	昌平	−0.185
13	石景山	−0.486	6	怀柔	−0.093
12	顺义	−0.416	5	平谷	−0.047
11	门头沟	−0.412	4	密云	0.082
10	丰台	−0.409	3	大兴	0.089
9	通州	−0.294	2	房山	0.164
8	朝阳	−0.253	1	延庆	2.773

将北京市葡萄主产区延庆、大兴、房山、密云与国内葡萄优质产区烟台、平度、昌黎、怀来的气候条件（包括年均温、年降水量、无霜期、年日照时数、极端低温、极端高温等）进行聚类分析（图 4-5），其聚类结果可分为三类：①大兴、房山、密云；②平度、烟台、昌黎；③延庆、怀来。

根据聚类结果可得出延庆的气候特征与国内葡萄优质产区怀来的气候特征相似度高；大兴、房山、密云产区与国内葡萄优质产区相比气候相似度并不高；延庆的气候优势要优于大兴、房山、密云等葡萄产区。

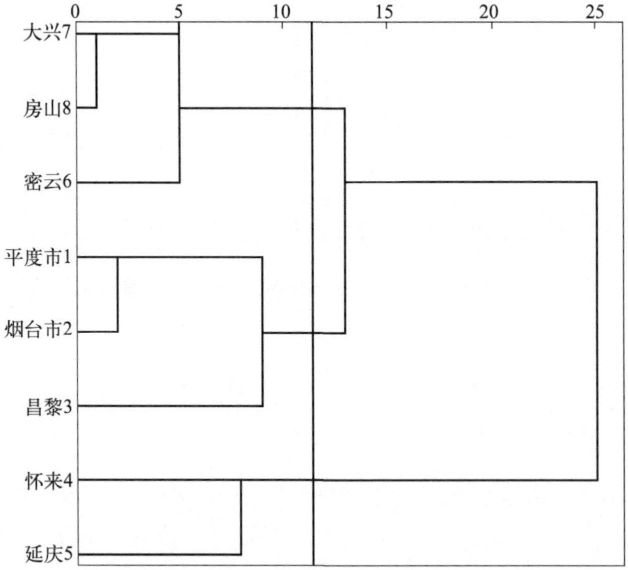

图 4-5　北京葡萄主产区与国内优质产区气候因素聚类分析

4.5　北京市樱桃产区气候适宜性分析

表 4-11 是北京市各区樱桃产区气候适宜度得分，各区樱桃产区气候适宜度排名依次为通州＞海淀＞石景山＞昌平＞丰台＞门头沟＞朝阳＞大兴＞顺义＞房山＞怀柔＞平谷＞密云＞延庆。其中作为北京市樱桃主产区的海淀、通州在北京市各区得分排名中靠前，气候适宜度与其他地区相比更高，具有一定的气候优势；昌平、丰台、门头沟地区樱桃的气候适宜度比较好，也具备一定的气候优势。

表 4-11 北京市樱桃产区气候适宜度得分及排名

排名	区	气候适宜度得分	排名	区	气候适宜度得分
14	延庆	−1.617	7	朝阳	0.370
13	密云	−1.043	6	门头沟	0.386
12	平谷	−0.737	5	丰台	0.530
11	怀柔	−0.503	4	昌平	0.536
10	房山	−0.079	3	石景山	0.688
9	顺义	0.323	2	海淀	0.796
8	大兴	0.355	1	通州	0.996

　　将北京市樱桃主产区与国内樱桃优质产区灞桥、烟台的气候条件（包括年均温、年均降水量、无霜期、年日照时数、年平均风速、极端低温等）进行聚类分析（图 4-6），其聚类结果可分为两类：①海淀、通州、昌平、顺义、灞桥；②烟台。

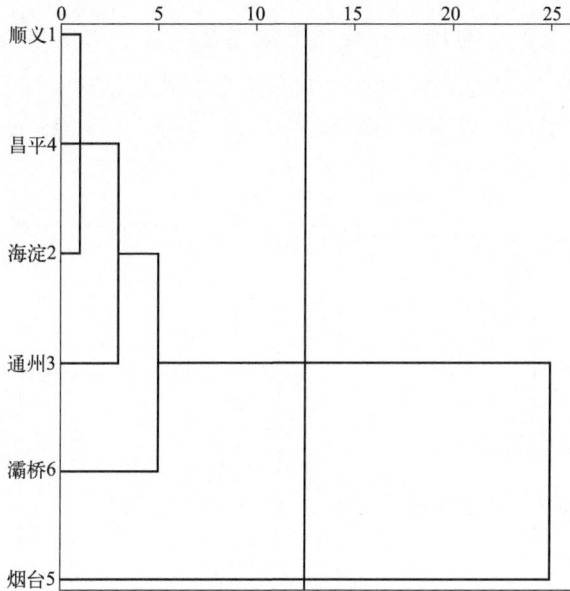

图 4-6 北京樱桃主产区与国内优质产区气候因素聚类分析

　　根据聚类结果可知，海淀、通州、昌平、顺义的气候与国内樱桃优质产区灞桥的气候特征最相似，具有一定的气候优势。

4.6 北京市柿产区气候适宜性分析

　　表 4-12 是北京市各区柿产区气候适宜度得分，各区柿产区气候适宜度排名依次为密云＞房山＞平谷＞顺义＞怀柔＞通州＞延庆＞朝阳＞昌平＞海淀＞

门头沟＞丰台＞大兴＞石景山，其中作为北京市柿主产区的房山、平谷在北京市各区柿气候适宜度排名中靠前，气候适宜度与昌平相比更好；密云、顺义、怀柔、通州地区柿的气候也非常适宜，具有一定的气候优势。

表 4-12　柿气候适宜度得分及排名

排名	区	气候适宜度得分	排名	区	气候适宜度得分
14	石景山	−0.253	7	延庆	−0.099
13	大兴	−0.207	6	通州	−0.098
12	丰台	−0.165	5	怀柔	−0.097
11	门头沟	−0.12	4	顺义	−0.041
10	海淀	−0.111	3	平谷	−0.016
9	昌平	−0.106	2	房山	0.037
8	朝阳	−0.102	1	密云	0.176

将北京市柿主产区与国内柿优质产区渑池、富平的气候条件（包括年均温、年均降水量、无霜期、年日照时数、年平均风速等）进行聚类分析（图 4-7），其聚类结果可分为两类：①平谷、房山、渑池；②昌平、富平。

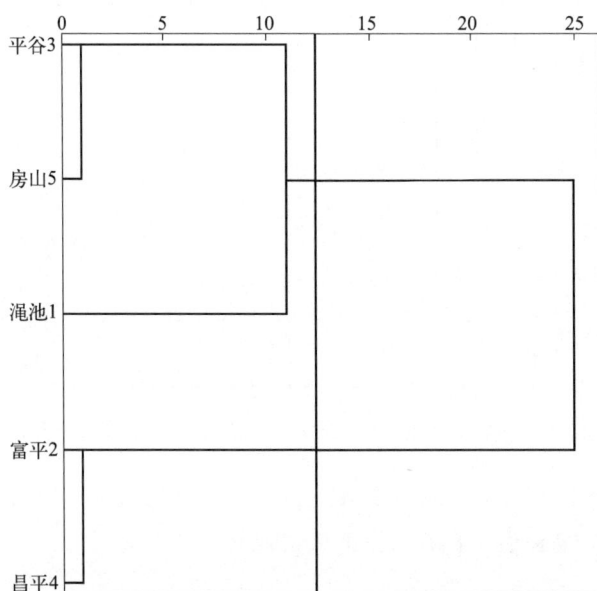

图 4-7　北京柿主产区与国内优质产区气候因素聚类分析

根据聚类结果可知平谷、房山的气候特征与国内柿优质产区渑池的气候特征最为相似；而昌平地区的气候特征则与富平的气候特征最相似。

4.7　北京市板栗产区气候适宜性分析

表 4-13 是北京市各区板栗产区气候适宜度得分，各区板栗产区气候适宜度排名依次为怀柔＞密云＞昌平＞平谷＞房山＞大兴＞延庆＞顺义＞门头沟＞朝阳＞丰台＞石景山＞通州＞海淀，作为北京市板栗主产区的怀柔、密云、昌平、平谷在北京市各区得分排名中靠前，气候适宜度与其他地区相比更适宜，具有一定的气候优势。怀柔地区板栗的气候适宜度排名第一，气候优势十分明显。

表 4-13　板栗气候适宜度得分及排名

排名	区	气候适宜度得分	排名	区	气候适宜度得分
14	海淀	−0.615	7	延庆	−0.26
13	通州	−0.576	6	大兴	−0.245
12	石景山	−0.524	5	房山	0.036
11	丰台	−0.404	4	平谷	0.351
10	朝阳	−0.366	3	昌平	0.493
9	门头沟	−0.348	2	密云	0.641
8	顺义	−0.346	1	怀柔	2.163

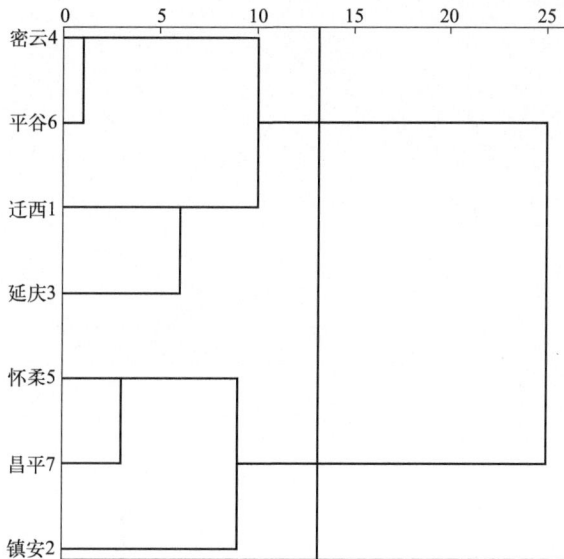

图 4-8　北京板栗主产区与国内优质产区气候因素聚类分析

将北京市板栗主产区与国内板栗优质产区迁西、镇安的气候条件（包括年均温、年降水量、无霜期、年日照时数、年平均风速、极端低温等）进行聚类分析（图 4-8），其聚类结果可分为两类：①延庆、密云、平谷、迁西；②怀柔、昌平、镇安。

根据聚类结果可知延庆、密云、平谷的气候特征与国内板栗优质产区迁西的气候特征最为相似；怀柔、昌平地区与镇安的气候特征最为相似。这些区的气候特征较其他区板栗气候适宜度更好，具有一定的气候优势。

5 北京市主要果树产区分布现状

5.1　北京市果树产区总体分布情况

5.1.1　全市鲜果产区总体分布

近几年经过调整、改造、转型和提升，北京果树产业的规模、结构、质量和效益明显提升，对生态环境建设和农民致富的作用日益凸显。截至 2015 年，果树生产面积 204 万亩，其中鲜果面积 107 万亩，干果面积 97 万亩。苹果、梨、桃、葡萄和樱桃是北京主要的鲜果，占全部鲜果栽培面积的 73.8%，占全市果树总面积的 38.8%，这几种果树也是收入最大的几类树种，占全部果品收入的 81.6%。

由图 5-1 可看出，北京市鲜果产区主要分布在三个区域：西部和北部山区、中部浅山和山前缓地、南部和东部平原地区。

西部和北部山区主要有三个集中分布的区域，包括：①永定河两岸，主要栽培苹果；②延庆河谷盆地，主要栽培苹果、葡萄；③密云东北浅山和河谷盆地，主要栽培苹果和梨。

中部浅山和山前缓地鲜果栽培面积最大，该地区气候和土壤等生态条件也最适合鲜果生长，该区域大致可分为 5 个产区：①房山山前暖带鲜果产区，主要种植柿、葡萄、苹果等；②西山山前鲜果产区，包括海淀和门头沟东部地区，主要栽培樱桃、梨等果树；③昌平山前暖带，主要栽培苹果、梨等果树；④怀柔和密云山前和浅山产区，主要栽培桃、苹果、梨等；⑤平谷顺义浅山和山前缓地，主要种植桃、梨等果树。

南部和东部平原地区大致可分为：①南部平原产区，包括永定河西岸梨树产区和大兴果树产区，主要位于房山区的琉璃河镇东部和大兴区，主要栽培梨、桃和葡萄；②东部平原产区，主要位于通州和顺义，以樱桃、桃、葡萄和梨为主。

5.1.2　北京市干果产区总体分布

目前北京市干果面积 97 万亩，其中板栗和核桃的栽培面积最大（郭文利等，2004），分别为 60.8 万亩和 21.1 万亩，占全部干果总面积的 84.4% 和全部果树种植面积的 40.2%。从图 5-2 可看出板栗的分布具有明显的聚集性，这

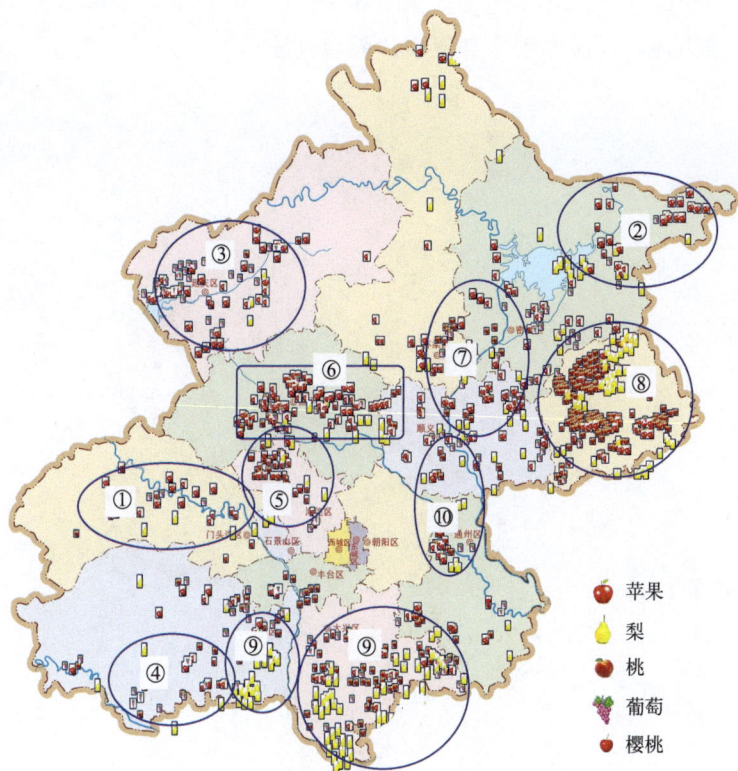

本图参照北京市行政区域界线基础地理底图（全市）。

图 5-1　北京市主要水果产区分布示意图

注：①永定河两岸；②延庆河谷盆地；③密云东北浅山和河谷盆地；④房山山前暖带鲜果产区；

⑤西山山前鲜果产区；⑥昌平山前暖带；⑦怀柔和密云山前和浅山产区；

⑧平谷顺义浅山和山前缓地；⑨南部平原产区；⑩东部平原产区。

主要是因为板栗栽培需要酸性土壤，而北京大部分地区都是碱性土壤，只有怀柔南北沟、昌平黑山寨、密云水库周边有大面积的酸性土壤，因此这些区域成为板栗栽培面积最大的地区（李丁，2010），其他地区只是零星分布，如房山的南窖乡、平谷的镇罗营、延庆的大庄科乡和四海镇等地。

北京市的干果主要分布在山区，大体可分为四个产区：

① 北部山区，主要是怀柔南北沟和昌平北部山区，以板栗为主，也有部分核桃；

② 密云水库周边，以板栗为主，也有部分核桃栽培，这是干果栽培面积最大的地区；

③ 东部浅山，主要是平谷地区，主要种植核桃；

④ 西部山区，主要种植核桃，该产区由于高山较多，干果栽培主要集中在河谷和浅山地区，所以不适合集中，面积也较小。

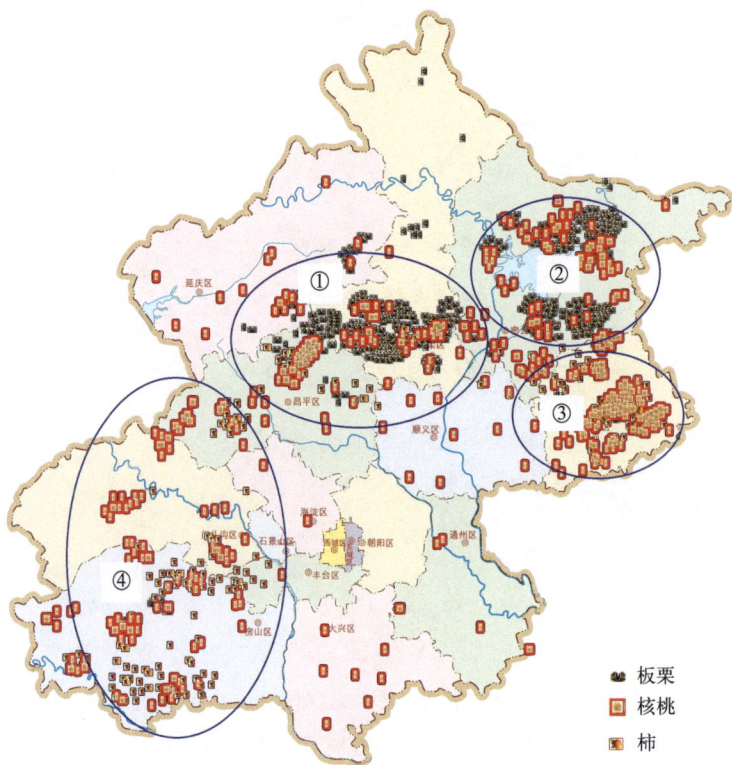

本图参照北京市行政区域界线基础地理底图（全市）。

图 5-2　北京市主要干果（板栗、核桃和柿）产区分布示意图

注：①北部山区干果产区；②密云水库周边干果产区；③东部浅山干果产区；④西部山区干果产区

5.1.3　不同果树树种在各区的分布情况

按行政区划，北京市种植鲜果面积最大的是平谷区，29.8 万亩，其次为昌平（12.03 万亩）、房山（11.21 万亩）、密云（9.54 万亩）、大兴（9.31 万亩）等（表 5-1）。

北京市种植的干果主要有板栗（60.8 万亩），主要分布在密云（28.9 万亩），怀柔（21.9 万亩），昌平（4.1 万亩）；其次是核桃（21.1 万），主要分布在平谷（6.7 万亩），密云（4 万亩），房山（3.5 万亩），昌平（2.1 万亩），门头沟、怀柔（各 1.5 万余亩）（表 5-1）。

表 5-1 2015 年北京市各区果树面积统计表 单位：亩

区	干鲜果合计	鲜果小计	苹果	梨	桃	葡萄	樱桃	柿	板栗	核桃	其他
海淀区	40022.40	37873.50	1822.50	1041.90	8798.55	379.50	15103.50	35.70	359.10	656.10	11825.55
丰台区	7988.55	7254.75	416.55	434.40	772.35	24.15	560.40	1253.55	0.00	721.35	3805.80
石景山区	504.90	460.95	39.15	2.55	16.65	0.00	110.40	20.55	0.00	43.95	271.65
大兴区	101536.95	93063.00	2286.45	31140.75	36918.45	7078.80	2083.35	0.00	0.00	1197.90	20831.25
通州区	56803.35	51223.05	4667.70	5179.80	20112.75	2639.10	11467.95	92.55	0.00	4838.85	7804.65
顺义区	60653.10	56192.70	16180.80	9523.50	10876.65	2961.00	7031.10	729.45	120.30	3220.35	10009.95
门头沟区	79338.30	34571.85	7241.85	3726.00	816.90	691.05	3212.10	1955.85	0.00	15040.80	46653.60
房山区	164169.75	112125.15	5290.35	12609.30	10684.35	7824.90	2642.25	46216.20	4443.90	35031.30	39427.20
昌平区	196933.80	120257.40	25141.05	4555.35	15014.70	1998.15	9223.65	26916.00	41412.90	21223.80	51448.20
怀柔区	313044.45	63392.85	6997.65	7215.15	6087.45	537.00	2171.40	2397.60	219334.50	15700.50	52603.20
平谷区	391175.40	297453.60	9459.90	15732.90	197827.35	395.70	2473.50	50934.90	26457.60	66863.70	21029.70
密云区	455489.25	95420.55	22695.30	21228.60	3520.95	7168.20	3931.05	2683.35	288635.50	40054.95	65571.30
延庆区	167412.75	62945.40	23893.20	1446.45	1426.20	12575.25	136.65	5.10	27589.65	6274.95	94065.30
全市	2035072.95	1032234.75	126132.45	113836.65	312873.30	44272.80	60147.60	133240.80	608353.50	210868.50	425347.35

2015 年果品平均年产量达到 9.2 亿千克，比"十一五"期间果品平均年产量（9.07 亿公斤）增长 1.4%，果品收入达 43.39 亿元（表 5-2）。

表 5-2 2015 年北京市果品收入 单位：万元

区	合计	苹果	梨	桃	葡萄	柿子	樱桃	核桃	板栗	其他
朝阳区	1852	150	415	364	132		425			366
丰台区	1149	254	26	230.6	10	19	153	18		438.4
海淀区	7371	374.2	161.6	713.9	345.8		3589.3	33.8		2152.4
门头沟	11648	2970	408	34	20	325	6709	257		925
房山区	27925	2083.1	9833.7	3868.7	2360.1	3082.7	1041.8	2490	136.8	3028.1
通州区	33797	3737	4845.7	10070	4970.7	239	7973.9	1040.2		920.5
顺义区	31826	9548.7	6204.1	2711.4	7500.9	104.5	3880.7	71.3		1804.4
昌平区	29210	17000	700	1600	1500	350	3500	800	900	2860
大兴区	40630	1170	16800	13300	6900		283	180		1997
怀柔区	25314	1877.3	1803.5	1816.5	514.8	334.9	784.4	3411.4	5130.7	9640.5
平谷区	162684	7769.8	4388.4	131499	702.2	3434	450.8	5924.7	1964.9	6550.2
密云区	43298	5425.5	4864.1	929.9	4560.1	1199.8	4206	7302.1	10671	4139.5
延庆区	17196	9852.3	229.2	208.4	2012.8		1368		539.2	2986.1
合计	433900	62212	50679	167346	31529.3	9088.9	32997	22896	19343	37808.8

5.2 北京市苹果产区分布

苹果是落叶果树之王，在北京市的果品生产中占有重要地位。目前全市栽培苹果12.6万亩，占全市果树栽培面积的6.2%；苹果总收入6.22亿元，占全部果品收入的14.3%。北京市苹果栽培区主要分布在昌平、延庆、密云、顺义、和平谷，其中昌平区苹果栽培面积最大，达到2.5万亩；其次为延庆和密云，苹果栽培面积都均为2万亩左右，顺义区的苹果栽培面积为1.5万亩，平谷区的苹果栽培面积为1万亩左右。苹果栽培面积最大的乡镇是张山营，面积10749亩，其次为新城子（9862亩）、龙湾屯镇（6033亩）、崔村镇（5636亩）、峪口（3797亩）、兴寿镇（3184亩）等。北京地区苹果的年龄分布较为合理，幼树、初果期和盛果期的比例较大，且比较均匀，未来几年苹果产量不会有大的起伏（图5-3）。

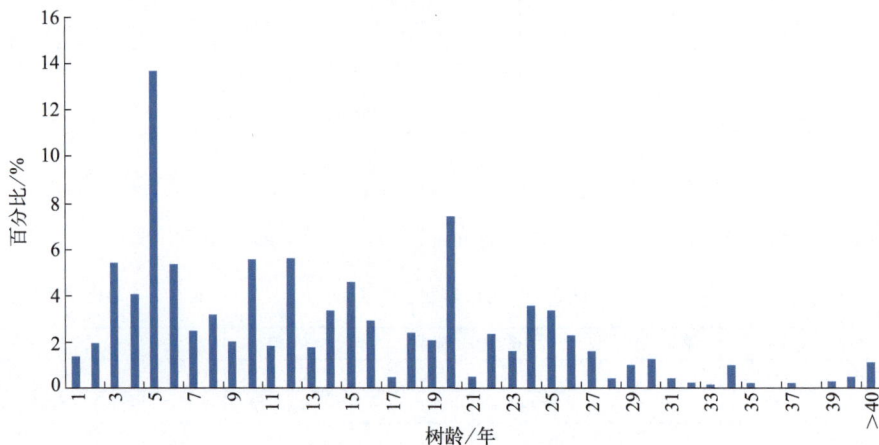

图 5-3　北京地区不同树龄苹果园面积所占比例分布图

从图5-4可看出北京地区的苹果产区分布主要集中在以下6个产区。

5.2.1　北部山前暖带苹果产区

该产区位于北部山区山前，包括昌平、怀柔、顺义和平谷部分地区，主要乡镇有昌平的崔村镇、南绍镇、十三陵镇和南口镇，顺义的龙湾屯镇、木林镇，平谷的峪口镇，怀柔新桥镇等地。该产区苹果面积4万余亩，占全市苹果种植面积的 31.7% 左右，主栽品种有红富士、王林、国光和津轻等。其地势缓和，土壤肥沃，是北京地区生产苹果的最佳产区，也是栽培面积最集中、管理水平最高和效益最好的产区。

5.2.2　东北山地河谷苹果产区

该产区主要分布在密云的新城子镇和密云水库周边，包括蔡家甸、巴各庄等村，面积 1 万余亩。在新城子镇，苹果产地背靠望京楼，光照充足，昼夜温差大，是绿色产品生产的良好基地。由于多数苹果都是近些年新发展的，果农管理水平有待进一步提高。

5.2.3　延庆盆地和山地苹果产区

该产区主要位于延庆区的山前缓地，包括张山营镇张山营村，八达岭镇礼炮村等地，面积约 1 万余亩，主栽品种包括红富士、国光等，其中国光苹果在该地表现极佳。该区海拔高，昼夜温差大，生态条件好，具有生产高品质苹果的潜力。该产区富士苹果有些年份会发生冬季冻害，部分产地存在管理水平低等问题。

5.2.4　门头沟永定河两岸苹果产区

该产区主要位于门头沟雁翅镇、斋堂镇，地处永定河两岸，面积约 0.4 万余亩，现在主要问题是过去老苹果树面临改造和更新问题。

5.2.5　南部平原散生苹果产区

在大兴、通州等平原地区还有一些苹果园，面积不大，规模不集中。这些地区地处平原，生态条件一般，苹果生产整体呈萎缩态势。

5.2.6　西南苹果产区

在房山周口店镇、河北镇、丰台王佐镇有小面积的苹果园，总体规模不大。该产区具有生产优质苹果的生态条件，但由于管理和重视不够，苹果面积已大为萎缩。

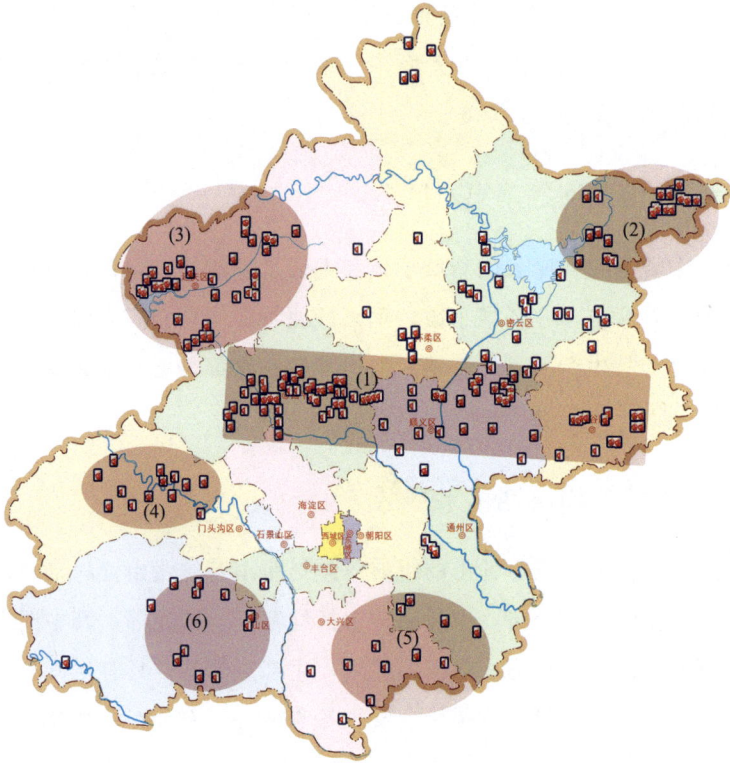

本图参照北京市行政区域界线基础地理底图（全市）。

图 5-4　北京市主要苹果产区分布情况

注：（1）北部山前暖带苹果产区；（2）东北山地河谷苹果产区；（3）延庆盆地和山地苹果产区；

（4）门头沟永定河两岸苹果产区；（5）南部平原散生苹果产区；（6）西南苹果产区

5.3　北京市梨产区分布

梨是北京传统的果树树种，全市共有梨树面积 11.4 万亩，占全部果树栽培面积的 5.6%，总收入 5.06 亿元，占全市果品收入的 11.7%。北京市梨栽培主要分布在大兴、房山、密云、平谷、顺义，其中大兴区的梨栽培面积最大，达到 3 万亩，密云的梨栽培面积为 2 万亩，房山、顺义、平谷的梨栽培面积都在 1 万亩左右。北京梨树栽培面积最大的乡镇是镇罗营，有 10019 亩，其次为大城子（9529 亩）、榆垡（8341 亩）、庞各庄（7241 亩）、琉璃河镇（7180 亩）、不老屯（5832 亩）。从图 5-5 可看出，全市梨的年龄分布比较合理，幼树、初果期和盛果期的梨树面积较大，5～15 年生的梨树面积超过了总面积的 1/3，为梨树可持续发展奠定了基础。

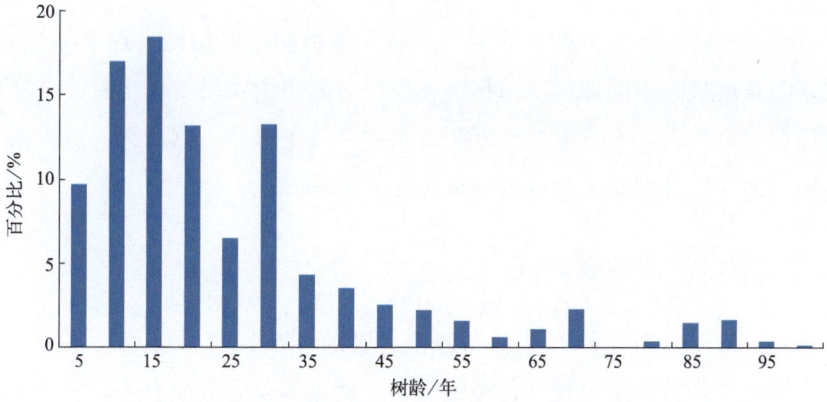

图 5-5　北京地区不同树龄梨树面积所占比例分布图

从图 5-6 可看出，北京地区的梨分布相对比较分散，主要集中在以下 5 个产区：

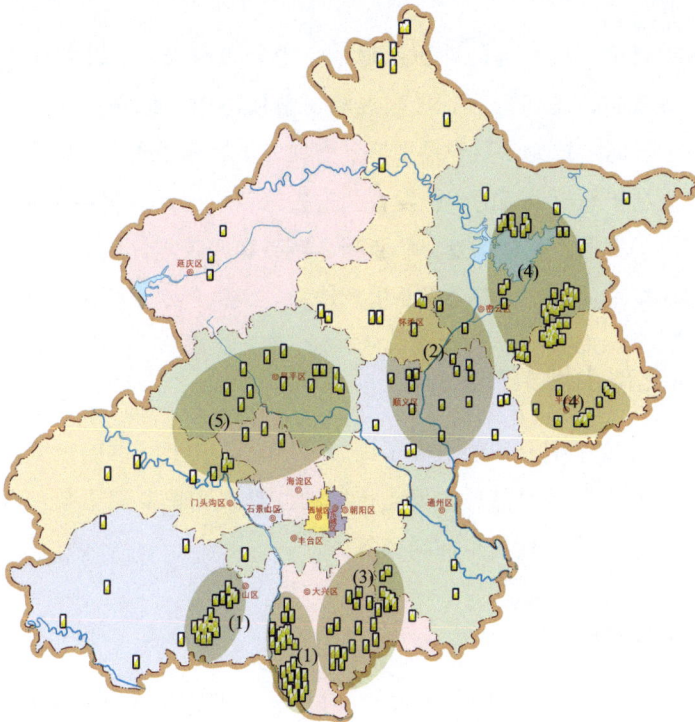

图 5-6　北京市梨产区分布情况

注：（1）永定河沙地梨产区；（2）潮白河沙地梨产区；（3）京南平原梨产区；
　　（4）东北部山地梨产区；（5）西山梨产区

5.3.1 永定河沙地梨产区

该产区主要位于大兴西部的庞各庄镇、榆垡镇，房山区的琉璃河镇东部，是北京梨栽培最集中的地区，面积 2 万余亩。其中梨花村、贾河村、辛庄等都是传统秋子梨产区，有古梨树 1 万余亩，主要有子母梨、京白梨、红肖梨等传统品种，另外还有鸭梨、早酥梨、黄金梨等品种。

5.3.2 潮白河沙地梨产区

该产区主要分布在顺义的潮白河畔，以及怀柔怀北镇等地，面积 1 万余亩，主要品种为日韩梨品种，包括丰水梨、新世纪梨、黄金梨等。由于城镇建设和工业发展，该地区梨的栽培面积在不断减少。

5.3.3 京南平原梨产区

该产区主要位于大兴区的冲积沙地，主要分布在安定、北臧村、魏善庄等镇，面积 2 万余亩，交通便利，气候温和、雨量适中、无霜期长；秋季光照充足，日暖夜凉，温差较大，利于果实糖分增加；土壤属于永定河沉积土壤、土质细腻疏松，极利于梨树根系的生长发育。过去以"金把黄"鸭梨为特色品种，近年来引进推广了丰水、黄金、爱宕、新兴、新高和园黄等优新梨品种。该产区采用先进的栽培技术，建立了安全果品生产体系，梨生产水平全市最高。

5.3.4 东北部山地梨产区

该产区主要位于密云区的大城子镇、穆家峪镇，平谷区的镇罗营镇，栽培面积有 4 万亩左右。栽培品种主要是传统的红肖梨和镇罗营蜜梨，也有部分红香酥、鸭梨、佛见喜、秋白梨和糖梨等。

5.3.5 西山梨产区

该产区主要位于门头沟孟悟村、东山村，昌平区阳坊镇和海淀后山等地，已有多年的栽培历史，栽培面积已达到 0.3 万余亩。其中门头沟东山等地的京白梨被公认为秋子梨系统中最优良的品种，京白梨抗寒能力强，喜冷凉的栽培环境，在干热的平原沙地生产的京白梨表现不佳，故该产区为生产优质京白梨的最适产区。

5.4 北京市桃产区分布

桃是北京栽培面积最大、经济效益最高的鲜果树种，总面积 31.3 万亩，占全部果树面积的 15.3%；总收入 16.7 亿元，占全部果品收入的 38.6%。北京市桃产区主要分布在平谷、大兴、通州、昌平、顺义、房山，其中平谷区的桃栽培面积最大，占北京市桃栽培总面积的 2/3，达到 20 余万亩；大兴区桃栽培面积为 3 万亩，通州区桃栽培面积为 2 万亩，昌平、顺义、房山区的桃栽培面积为 1 万亩。全市桃树种植面积最大的乡镇是大华山，总面积 48514 亩，其次为王辛庄（25536 亩）、峪口（19097 亩）、刘店（18825 亩）、金海湖（14847 亩）、南独乐（10392 亩）等。由于价格低迷，最近几年新栽桃园面积不大，且处于盛果期的桃树最为集中，大于 15 年生的桃树面积占总面积的 49.6%，未来几年进一步发展一些新桃园，并维持盛果期桃树的产量和效益非常重要（图 5-7）。

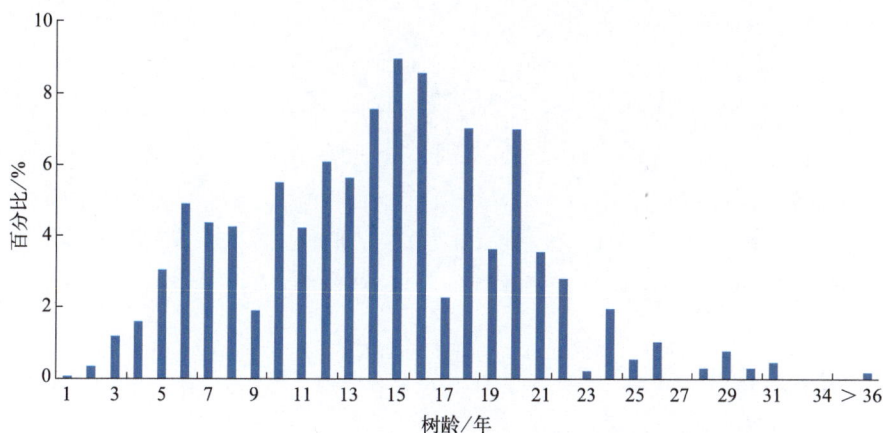

图 5-7 北京地区不同树龄桃树面积所占比例分布图

北京桃树栽培相对集中，主要分布在以下四个产区（图 5-8）。

5.4.1 平谷桃产区

平谷桃产区位于平谷区内，在区内多地都分布有桃园，如大华山、黄松峪、峪口、王辛庄、夏各庄、镇罗营、刘家店、熊儿寨、金海湖等。该产区栽培桃树 20 余万亩，果品产量达 2.9 亿千克，总收入 12.8 亿元，积累推广 40 余项综合配套技术，占全市桃栽培面积的 63%，包括油桃、黄桃、白桃、蟠桃 4 大类在内的 200 余个品种。

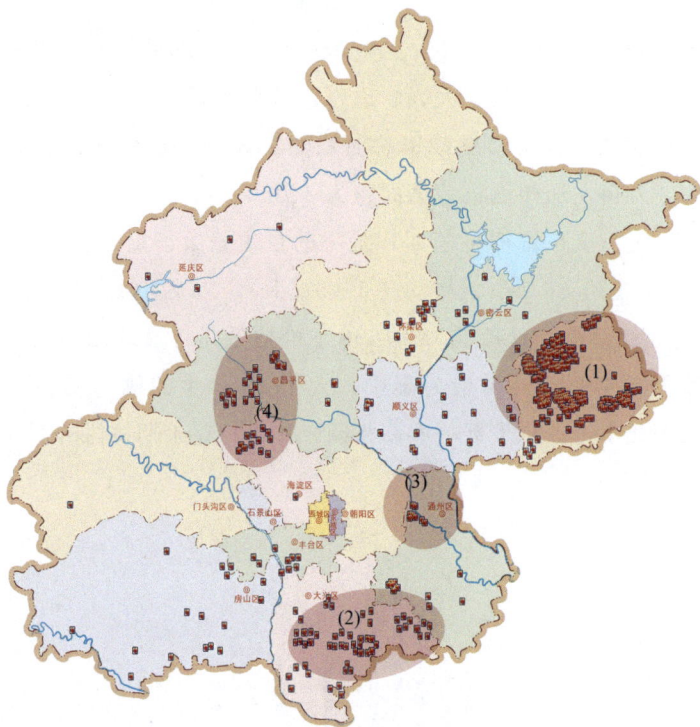

图 5-8　北京市桃产区分布情况

注：（1）平谷桃产区；（2）京南平原桃产区；（3）京东平原桃产区；（4）京西北部桃产区

5.4.2　京南平原桃产区

该产区主要位于大兴黄村镇、魏善庄、榆垡镇、安定镇等地，栽培面积有 3.7 万亩。栽培品种有早熟油桃、大叶白桃、早香玉、早凤、庆丰、大久保、五月鲜和京玉等。

5.4.3　京东平原桃产区

该产区主要位于通州的西集镇、宋庄镇（白庙村、翟里村等）等地，栽培面积为 2 万亩。栽培品种有大叶白桃、早香玉、早凤、庆丰和大久保等。

5.4.4　京西北部桃产区

该产区主要位于昌平的西北四镇，包括长陵镇、流村镇和南口镇等地，以及海淀的苏家坨镇、西北旺镇等地。栽培面积 1.5 万余亩。栽培品种有早魁、早凤、北农早艳、庆丰、五月鲜和大久保等。

5.5　北京市葡萄产区分布

北京市葡萄总面积 4.43 万亩，占全市总果树栽培面积的 2.1%；总收入 3.15 亿元，占全部果品收入的 7.2%。葡萄主要分布在延庆、房山、密云、大兴、顺义和通州等区，其中延庆地区葡萄栽培面积为全市最大，有 1.26 万亩，占全市葡萄栽培面积的 28%。北京市葡萄种植面积最大的乡镇是张山营，面积 6867 亩，其次为采育（5661 亩）、巨各庄（3198 亩）、青龙湖镇（2147亩）、长阳镇（1648 亩）等。从不同树龄葡萄的面积分布图可看出，葡萄幼树较多，主要是由于近年来新发展了一些酿酒葡萄，不同树龄面积较为均衡（图 5-9）。

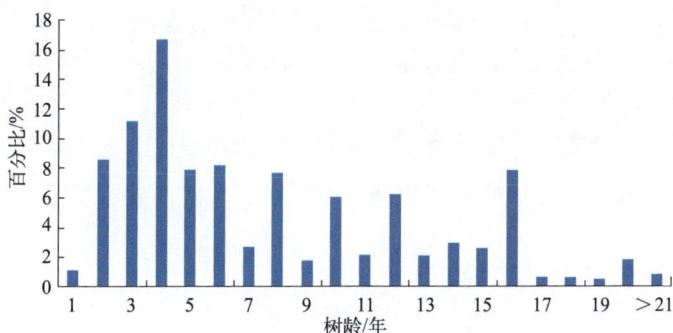

图 5-9　北京地区不同树龄的葡萄树面积所占比例分布图

北京市的葡萄种植相对分散，主要集中在以下几个产区（图 5-10）。

5.5.1　京东南平原葡萄产区

该产区主要位于大兴区的采育镇和通州区的张家湾镇，面积近 1 万亩，葡

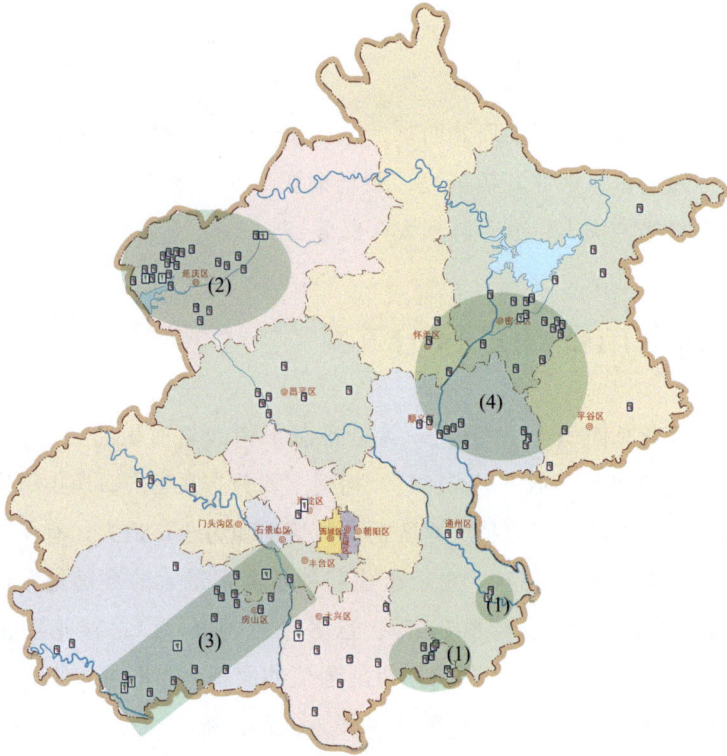

图 5-10　北京市葡萄产区分布情况

注：（1）京东南平原葡萄产区；（2）延庆高寒葡萄产区；

（3）房山葡萄酒产区；（4）密云河谷葡萄产区

萄产业发展早，规模大，是北京市比较有名的葡萄产区。主要栽培品种有赤霞珠、京早晶、玫瑰香、巨峰、红玫瑰、意斯林、北醇和佳丽酿等。

5.5.2　延庆高寒葡萄产区

该产区主要位于延庆的张山营镇、康庄镇，面积近 1 万亩，在世界葡萄大会的带动下该区葡萄产业发展最快，已经成为北京市葡萄栽培面积最大的产区。主要栽培品种有玫瑰香、龙眼、美人指、里扎玛特、黑奥林、红地球、赤霞珠、品丽珠、蛇龙珠等。该产区年均气温低，夏季温和，冬季寒冷，日照时数高，8、9 月昼夜温差全市最大，具有发展优质鲜食葡萄和酿酒葡萄的气候优势，且气候特征与我国著名的酿酒葡萄生产基地怀来的气候特征非常相似。

5.5.3 房山葡萄酒产区

该产区主要位于周口店、青龙湖、张坊、长阳、南窖等 8 个乡镇，葡萄栽培面积约 0.8 万亩左右，其中青龙湖和张坊的面积最大。这里主要发展酒庄酿酒葡萄，还有部分鲜食葡萄，栽培品种主要有摩尔多瓦、巨峰等，目前，已建成一大批葡萄酒庄园（酒堡）文化基地，为今后大规模的葡萄酒生产奠定了基础。

5.5.4 密云河谷葡萄产区

该产区主要位于密云区巨各庄镇蔡家洼、八家庄、久远庄、黄各庄等地，栽培面积有 0.72 万亩，在爱菲堡酒庄的带动下形成了中国优质葡萄酒基地。这里所酿造的白葡萄酒具有柠檬、奶油、香草等香气，口味圆润爽滑；红葡萄酒具有复杂而浓郁的红色水果、胡椒、香草、烤面包的香味。在巨各庄镇已形成一批葡萄酒庄园（酒堡）文化基地，主要栽培的品种有赤霞珠、霞多丽等。

5.6 北京市樱桃产区分布

樱桃是露地栽培果树中成熟最早、价格最高、单位面积经济效益最好的果树树种，近十余年来发展迅速（崔建潮等，2017；张开春等，2017）。目前全市樱桃栽培面积 6 万亩，占全部果树面积的 2.9%；总收入 3.29 亿元，占全部果品收入的 7.6%。北京市樱桃产区主要分布在海淀、通州、昌平和顺义，其中海淀区的樱桃栽培面积最大，为 1.5 万亩，通州区和昌平区的樱桃栽培面积都在 1 万亩左右，顺义区的樱桃栽培面积为 0.7 万亩。全市樱桃栽培面积最大的乡镇是苏家坨镇，面积 8054 亩，其次为十三陵（5298 亩）、西北旺镇（1983 亩）、巨各庄（1458 亩）、温泉镇（1346 亩）等。不同树龄樱桃的分布较为均匀，幼树、初果期和盛果期的面积相对均衡（图 5-11），超过 20 年的大树较少。一般来说管理好的樱桃树可以稳定结果 30 年以上，北京市大树较少也说明了在管理中存在较多问题，造成大树存活率低。

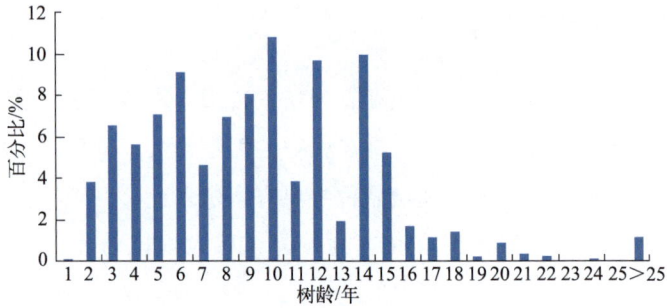

图 5-11　北京地区不同树龄的樱桃树栽培面积所占比例分布图

　　樱桃的产区分布较为分散，还有很多是小规模栽培的樱桃园。北京市樱桃集中分布的产区有（图 5-12）以下几个区域。

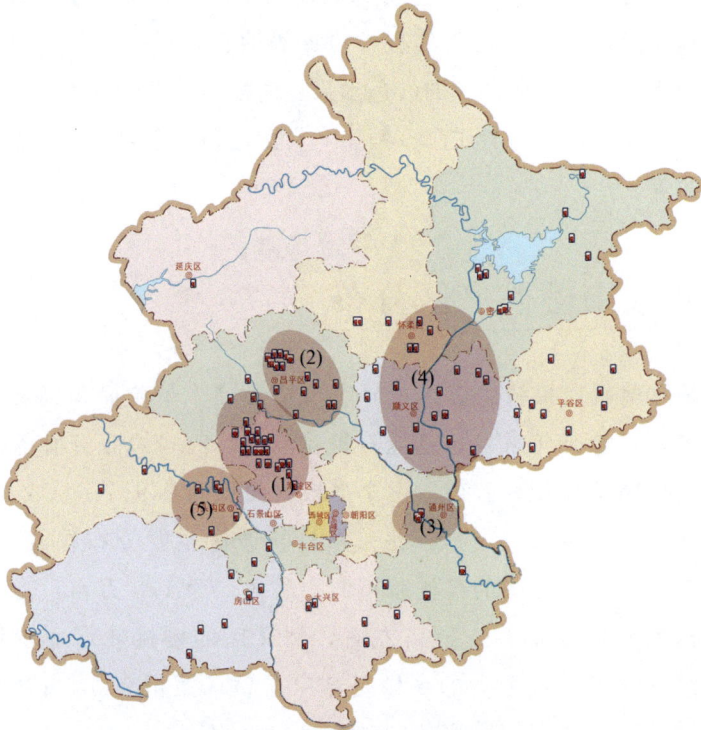

本图参照北京市行政区域界线基础地理底图(全市)。

图 5-12　北京市樱桃产区分布情况

　　注：(1)海淀产区；(2)昌平产区；(3)通州产区；(4)顺义产区；(5)门头沟产区

5.6.1　海淀产区

该产区主要分布在海淀四季青，还包括温泉、苏家坨、西北旺、上庄等地区，樱桃栽培面积有 1.5 万亩。栽培品种有对樱桃、玉泉大红、早紫、大紫、那翁、拉宾斯、红丰、萨米托、雷尼、红灯优系、红艳、美红、巨红等百余品种。

5.6.2　昌平产区

该产区主要分布在昌平十三陵镇，还包括马池口镇、小汤山镇和南口镇等地，栽培面积已达到 0.9 万余亩。栽培品种有红灯笼、美早、早大果、拉宾斯、大紫、乌克兰 1 号、红灯、红艳、黑珍珠和雷尼等。

5.6.3　通州产区

该产区主要分布在通州西集镇和新华街道，还包括张家湾镇和潞城镇等地，樱桃栽培面积有 1.1 万亩，主要位于永定河、潮白河之间的冲积平原，土壤为砂壤土，适合樱桃生长。栽培品种主要有早大果、红灯、雷尼、美早和布兰特等。

5.6.4　顺义产区

该产区主要位于顺义木林镇、龙湾屯镇、南彩镇、张镇和高丽营镇等地，樱桃栽培面积有 0.7 万亩左右。主栽品种有红灯、早红、拉宾斯、红艳、红蜜等。

5.6.5　门头沟产区

主要位于门头沟的妙峰山、王坪镇等地，樱桃栽培面积有 0.2 万亩左右，主栽品种有红灯、拉宾斯、早大果、红蜜等。

5.7　北京市柿产区分布

柿是北京的传统果树树种，目前保留有 13.3 万亩，占全市果树栽培面积的 6.5%；总收入 0.9 亿元，占全部果品收入的 2.1%。北京市柿产区主要分布在房山、平谷、昌平，其中房山和平谷的柿树栽培面积最大，为 5 万亩，昌平区的柿树栽培面积为 2.5 万亩左右。北京地区栽培柿树最多的乡镇是金海湖，共有 11620 亩，其次为张坊镇（9878 亩）、王辛庄（8099 亩）、十三陵（7176 亩）、流村镇（7941 亩）、佛子庄乡（6352 亩）、河北镇（5066 亩）。从不同树龄的面积分布图可看出（图 5-13），高龄的柿树和低龄柿树都比较少，11~15 年的树最多。

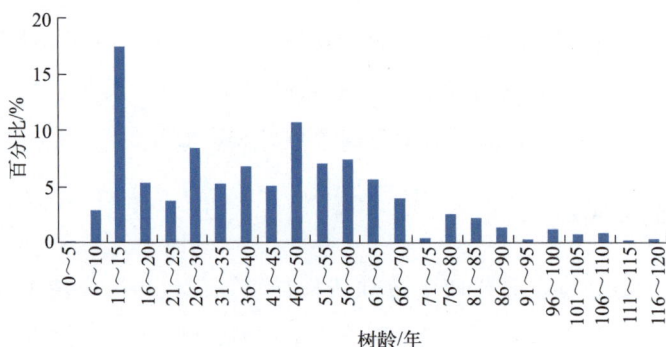

图 5-13 北京地区不同树龄的柿树面积所占比例分布图

从图 5-14 可看出，北京地区的柿分布主要集中在以下产区。

5.7.1 京西南柿产区

该产区主要位于京西南山前暖区的房山张坊镇、十渡镇、青龙湖镇和佛子庄乡等地，栽培面积达 4 万余亩，占全市柿栽培总面积的 30% 左右。栽培品种主要为磨盘柿，还有少部分的杵头柿、杵桃柿、金灯柿等品种。其中磨盘柿被公认为世界上最优良的涩柿品种，且该产区的磨盘柿最为突出，在北京所有柿产区中栽培面积最大。

5.7.2 京东柿产区

该产区主要分布在平谷的刘家店乡、大华山镇、王辛庄镇、南独乐河镇以及黄松峪乡等地，栽培面积达 5.1 万亩，占全市柿栽培总面积的 38%。主栽品种有八月黄、磨盘柿、杵头柿、杵头扁和火柿等品种。

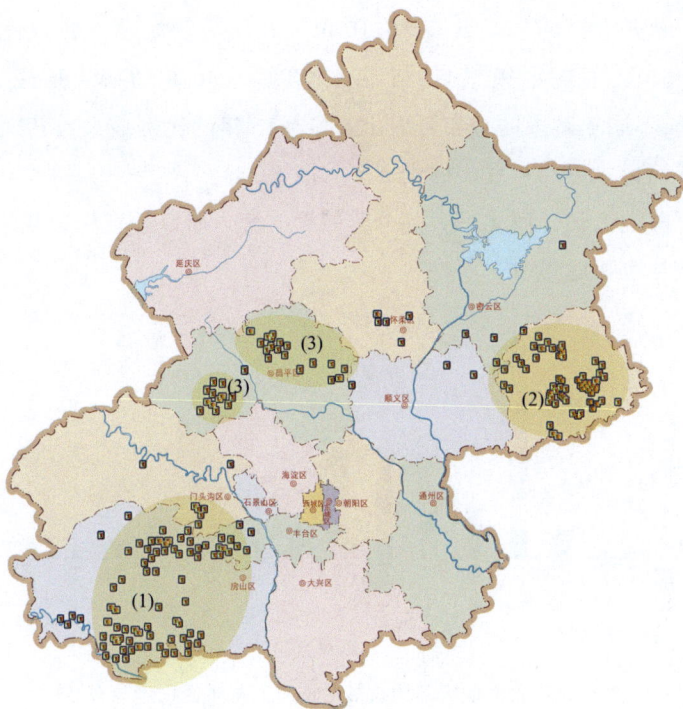

本图参照北京市行政区域界线基础地理底图(全市)。

图 5-14　北京市柿产区分布情况

注：(1) 京西南柿产区；(2) 京东柿产区；(3) 京北浅山柿产区

5.7.3　京北浅山柿产区

该产区主要分布在昌平长陵镇、十三陵镇、流村镇，总面积 2 万余亩，栽培品种主要有磨盘柿、八月黄、杵头柿和火柿等。

5.8　北京市板栗产区分布

北京市板栗栽培面积为 60 万亩，是北京市栽培面积最大的果树树种，占全市果树总面积的 29.4%；总收入 1.93 亿元，占全部果品收入的 4.4%。北京市板栗产区主要分布在密云、怀柔、昌平、延庆和平谷，其中密云的板栗栽培面积最大，为 30 余万亩，怀柔的板栗栽培面积为 22 万亩，昌平的板栗栽培面积为 4 万亩，延庆和平谷的板栗栽培面积为 2.5 万亩。北京地区板栗栽培面积最大的乡镇是九渡河镇，共有 80110 亩，其次为渤海镇（69974 亩）、大城子（45096 亩）、不老屯镇（41635 亩）、高岭（40165 亩）、长陵镇（27851亩）。从板栗不同年龄段的分布可看出，11～15 年的比例最大，其次为 26～35 年生的盛果期树，近几年发展的则不多（图 5-15）。

板栗喜酸性土壤，而北京大部分为碱性土壤，所以适宜板栗栽培的地区不多，板栗栽培也相对集中。

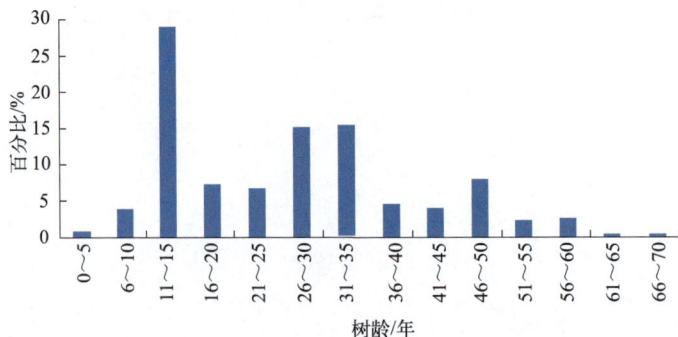

图 5-15　北京地区不同树龄的柿树面积所占比例分布图

北京市板栗集中分布的产区有（图 5-16）以下几个区域。

5.8.1　怀柔南北沟板栗产区

怀柔是板栗的传统产区，集中分布在渤海镇、九渡河镇和桥梓镇，面积近22 万亩，产量和出口量均占全市的 60％以上。品种以当地板栗品种怀黄、怀九等嫁接改良品种为主，还包括燕红、燕昌、燕丰等。

5.8.2　密云水库周边板栗产区

密云板栗生产历史悠久，是当地农民的主导产业之一，同时板栗又是首都重要饮用水源基地环境保护的最佳经济树种。密云区板栗种植面积已达 30 多万亩，占北京市板栗种植总面积的近一半，主要分布于密云水库环湖东、西、北岸的 10 个乡镇，包括不老屯、大城子、高岭、石城等镇，板栗种植农户有4.5 万户，占全区果农的 60％。传统栽培品种有燕红、燕昌、银丰和燕山早丰等品种。

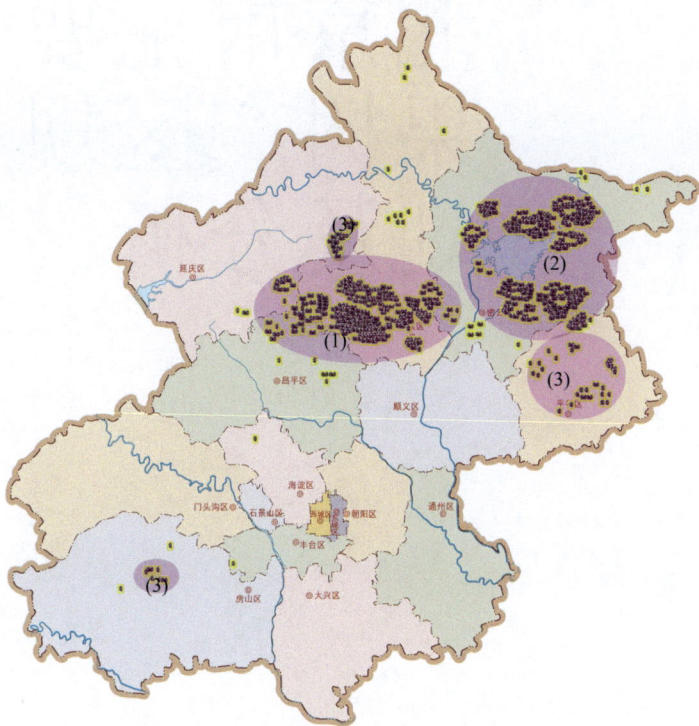

本图参照北京市行政区域界线基础地理底图(全市)。

图 5-16　北京市板栗产区分布情况

注：（1）怀柔南北沟板栗产区；（2）密云水库周边板栗产区；（3）其他散生区

5.8.3　其他散生区

该产区主要分布在延庆、昌平、平谷等地区，栽培面积有 9 万余亩，仅占全市板栗栽培总面积的 15％。栽培品种主要有燕红、燕昌、银丰等。

6 北京市主要果树产区规划及分析

北京地区的生态条件适合落叶果树生长，北方的各种落叶果树在北京都有栽培。由于各地区海拔不同、品种适应性要求不同、栽培历史不同等，各种果树分布形成了一定的规律。在果树产区区划的各个因素中，自然生态因素（包括气候、地形、土壤和水资源等）是决定一个地区是否适宜发展某种果树的主要因素。除此之外，栽培规模、栽培历史以及其他因素（包括生产管理水平、各区政策倾向性、各区果品收入等）也是果树产区区划必须考虑的因素。北京本身地域面积较小，除因海拔、地形造成各地温度存在较大的差异和成土母质不同引起土壤酸碱度的差异外，其他的气候和立地条件差异并不是很大，因此许多果树的适宜产区是相互重合的。本研究中首先在对北京市气候生态条件和果树气候适宜性综合分析的基础上，确定各果树区划的关键生态指标，进而确定各主要果树适宜的产区规划，再根据各地区产业发展的历史和政策等因素对产区规划进行综合分析。

传统的农业气候区划主要依据气象台站的观测资料，以县气象站所在地的观测值（点值）代表整个县的面值进行分区划片，误差较大，难以满足首都都市型农业对发展特色果品精确区划的需要。近年来，地理信息系统（geographical information system，GIS）技术被广泛应用于农业气候区划中（李治洲，2010；王锐婷等，2013；李红英等，2014；吉志红等，2015；刘文平等，2016），使区划结果由基于行政基本单元发展为基于相对均质的地理网格单元，大大提高了区划成果的精度和准确度。根据不同果树及同一种果树的不同品种、品系对生态环境的要求，结合各地的气候条件来选择适宜种植的果树种类、品种，做到适地适树，避免或减少因自然灾害造成的损失，有利于北京市果树产业发展和农村产业结构调整，提高农民的收入。

基于此，本研究利用最新的气象气候资料以及相关指标小班调查数据，结合现有北京市常见落叶果树的适生条件，在综合分析各类资源的基础上，对前人制订的主要果树区划指标进行修订。应用 GIS 技术，通过对无测站地区气候资料的空间差值分析及推算模拟（蔡福等，2005），模拟出形成主要研究区各个区划指标中的各项主要气候资源数据的全覆盖空间小网格数据（空间分辨率为 100 米×100 米）；以此为依据，将其他区划相关指标数据（土壤等）进行相同的空间格网化分析，在此基础上，通过对各项区划因子的精确分级、评分，最后完成各网格点总评分的计算，并以此为主要依据，通过综合评判，做出精细化的果树产区区划，为北京落叶果树生产合理布局提供参考。研究结果发现，当前北京地区各种果树的种植分布区域基本稳定，各类果树已有主要产区基本建立在对应的最适宜区及适宜区。考虑到北京地区的特殊性，各类果树种植产区在短时间内难以、也不宜进行大的结构调整。在进行后续规划时，主要依据现有果树种植面积分布进行主产区分析。

6.1 基于 GIS 的数据分析技术

本研究主要使用了 Esri 推出的 ArcGIS 10.2 以及 ENVI 5.2（郭兆夏等，2010a；郭兆夏等，2010b；尹盟毅等，2014；何可杰等，2014）两款主要的地理信息系统软件进行相关数据处理和分析。ArcGIS 10.2 是全球首款支持云架构的 GIS 平台，在 WEB 2.0 时代实现了 GIS 由共享向协同的飞跃，同时 Arc-GIS 10.2 具备了真正的 3D 建模、编辑和分析能力，并实现了由三维空间向四维时空的飞跃。ENVI 5.2 于 2014 年 10 月 15 日正式发布。该版本支持更多传感器和科学数据格式，原生支持国产卫星，新增了时空分析和地理动态视频工具、全新 NNDiffuse 融合算法、64 种实用光谱指数，与 ArcGIS 一体化集成，更方便快捷 ENVI 二次开发。

6.1.1 数据资料

气候数据资料主要来自北京市 16 个气象站点 1985～2015 年气象观测资料（北京市气象局提供）及北京市气象志等资料，主要气候因子包括：热量资源要素（年平均气温、4～10 月的月平均气温、温量指数、1 月平均气温、7～8月平均最高气温、年积温）、光能资源要素（年日照时数）、水分资源要素（年降水量、4～10 月的月平均降水量）等。

其他相关数据包括基础地理信息资料和研究区域土壤数据（土壤厚度、质地及酸碱度）等。土壤厚度和质地根据林业和草原局统计数据进行数字化后确定，土壤酸碱度根据成土母质进行确定。

基础地理信息资料来自国家基础地理信息中心（NGCC），主要包括地形数据、数字高程数据、地名数据 3 种，比例尺 1：250000。地形数据主要包括以矢量方式存储的边界、地貌等要素。数字高程数据主要是以网格点方式储存的地形起伏高程信息。地名数据主要是以关系数据库存储的各类地名信息。基础地理信息资料处理软件为 ArcGIS 10.210。

6.1.2 果树种植适宜区区划方法

本研究用 Esri 推出的 ArcGIS 10.2 以及 ENVI 5.2 两款主要的地理信息系统软件进行相关数据处理和分析。气候数据资料主要来自北京市及其周边所有区气象站点的站地面气象观测资料及北京市气象志等资料。地理信息相关资料采用国家基础地理信息中心提供的 1：25 万基础地理背景数据，数据的存放格式按分幅图一块一块存放，每一幅（块）数据包含行政边界、等高线、水系等 14 个图层资料。利用软件从中提取了北京的行政边界、数字高程模型（DEM）、各气象站点地理位置等区划所需的地理信息。土壤酸碱度根据北京市地质构造进行推算。根据不同果树对生态条件需求差异确定相关的区划指标。完成各区划指标的分类栅格图后，利用 ArcGIS 10.2 中的栅格计算器工具，将所有指标的得分数据进行相加，形成集合所有指标数据权值划分的总得分栅格图（汤国安等，2017）。按照总得分，将其平均划分为 5 个等级，得分最高的为栽培最适宜区，得分最低的为种植最不适宜区，得分由高到低依次为：最适宜区、适宜区、一般适宜区、不适宜区和最不适宜区。并给不同等级赋予不同颜色，同时添加必要的地图要素，形成相关果树产区区划图。

6.2 北京市果树产区规划的总体思路和基本目标

6.2.1 总体思路

以科学发展观为统领，全面贯彻党的十九大精神和习近平新时代中国特色社会主义思想，为解决人民日益增长的美好生活需要和不平衡不充分的发展之间的矛盾，按照"提质增效、创新驱动"的总体要求，围绕果业提质增效主线，努力走出一条适合具有都市型农业特色的现代化果业发展道路，把北京建设成为全国现代化果业示范区和果业高新科技研发展示区，为全国现代果业建设和都市型现代农业发展提供示范引领，为北京全面建成小康社会提供重要支撑，为实现建设国际一流和谐宜居之都做出新贡献。

6.2.2 基本目标

依托北京大都市的优越条件和果业发展基础，围绕"一主导、两目标、三特色、四重点"的总体规划，提升北京果树产业整体水平，强化"苹果、梨、桃、葡萄、樱桃、柿、板栗"七大优势产业，完善标准化生产和质量安全等大服务体系，全力提升京郊果业发展水平。

未来几年，北京市力争将果树栽培面积稳定在 200 万亩左右。由于城市建设，特别是北京城市副中心建设和第二机场建设，会进一步占用平原地区的果园，因此特别需要确保并建设好浅山和山前暖带的果园，通过全面提高果园管理水平提升果园的品质，通过多种经营来提高果园的效益。此外，在山区，特别是边远贫困地区应积极发展适宜当地的果树，山区果业的发展对于促进低收入村和低收入户的增收具有非常重要的现实意义。在山区果业发展中要注重发展节水高效果园，注重将果树生产与当地环境保护相融合。至 2020 年，北京市果业技术水平已领先全国，果品质量、果农收入和果业组织化、信息化、规模化等指标已基本达到现代化水平。主要果树的产区发展建议分述如下。

6.3 苹果产区规划及分析

6.3.1 苹果对气候环境条件的要求

苹果树是喜低温干燥的温带果树，要求冬无严寒，夏无酷暑，适宜的温度范围是年平均气温 9～14℃，冬季极端低温不低于－12℃，夏季最高月均温不高于 20℃，大于或等于 10℃年积温 5000℃左右，生长季节（4～10 月）平均气温 12～18℃，冬季需 7.2℃以下低温 1200～1500 小时，才能顺利通过自然休眠。一般认为年平均温度在 7.5～14℃的地区，都可以栽培苹果。北京西部和北部山区的温度低于 7.5℃，其他地区平均气温都在限度内（李倩等，2013）。苹果生长期（4～10 月）平均气温在 12～18℃，夏季（6～8 月）平均气温在 18～24℃，最适合苹果的生长。夏季温度过高，平均温度在 26℃以上，苹果花芽分化不良。北京中心城区和东部、南部平原地区夏季温度高，大于30℃的天数超过 55 天，不利于苹果品质的提高。另外，夏季热量不足，花芽分化也不好，果小而酸，色泽差，不耐储藏。秋季温度白天高夜间低时，果实含糖分高，着色好，果皮厚，果粉多，耐储藏。根据上述分析以及北京地区苹果对气候环境条件的要求确定了其区划指标（李倩等，2013；尹盟毅等，2014）和评分标准（表6-1）。

表6-1　苹果主产区一般生态适应性指标

生态适宜性条件	气候因子（主要指标）							土壤因子
	全年			6～8(9)月			4～9月	
	年平均气温/℃	≥10℃积温/℃	极端最低温/℃	月平均气温/℃	平均气温日较差/℃	月平均相对湿度/%	降水量/毫米	土壤pH5.7～8.2，含盐量<0.28%
最适值	9～13.5	2800～3600	≥－20	17.5～22	>10	<70(75)	400～550	

引自《果树栽培学各论》（陈杰忠，2003）。

苹果在生长期每亩地需降水量约为180毫米。一般自然降水量，实际能被果树吸收利用的约为1/3，因此生长期降水量达540毫米已可满足其生长发育。在4～9月降水量在450毫米以下的地区则需要具备灌溉条件；北京地区降水量时空分布不均，70%～80%集中在7～8月间，春季则水量不足。在西北部水量少的地区，水量不足，若无灌溉条件，则不适宜发展苹果。

苹果是喜光树种，光照充足，才能生长正常。日照不足，则会引起一系列反应，如枝叶徒长、软弱、抗病虫力差，花芽分化少，营养储存少，开花坐果率低，根系生长也受影响，果实含糖量低，着色不好。北京地区的平均日照时数差异不大，所以在进行区划时没有考虑光照指标。积温和无霜期的分布与温度分布基本一致，所以在进行区划时也没有考虑。

土壤对苹果的生长、产量、质量影响很大，主要因素包括土层厚度、土壤通气和土壤质地等。总之，苹果需要土层深厚，排水良好，含丰富有机质，微酸性到微碱性土壤。鉴于北京地区土壤质地、pH均较适合苹果的生长，在本研究中我们主要考虑了土层厚度。

海拔和坡度在北京不同地区的差异较大，也是造成本地气候差异的主要因素。一般来说海拔越高温度越低，温差越大，海拔650～1400米有利于提高苹果品质。北京纬度较高，年均气温较低，所以在海拔选择上我们根据实际情况进行了调整。坡度大不利于果园管理，一般来说大于5°就需要构筑梯田，超过20°难以从事苹果生产。山区坡度大的地方往往土层很薄，所以我们把坡度也作为区划的重要指标。

6.3.2 区划指标的提取与适宜区的确定

根据上述分析以及苹果对气候环境条件的要求（李倩等，2013；王静等，2014；尹盟毅等，2014），本研究选取年平均气温、1月平均气温、6～8月大于30℃天数、年均降雨量、海拔高度、坡度、土层厚度、土壤质地等指标作为北京地区苹果产区区划的主要指标因子（表6-2）。

表 6-2　北京地区苹果区划指标和评分标准

区划指标	范围	评分
年平均气温/℃	>9～11.5	40
	>7～9；11.5～12	30
	6～7 或 >12	20
	<6	0
1月平均气温/℃	>-6	15
	-8～-6	10
	<-10～-8	5
	<-10	0
坡度/°	0～6	15
	>6～14	10
	>14～22.6	5
	>22.6	0
6～8月大于30℃的天数/天	<28	15
	28～38	10
	>38～48	5
	>48	0
海拔高度/米	300～600	15
	40～<300；>600～1000	10
	<40；>1000	0
土层厚度/厘米	>80	20
	>50～80	15
	30～50	10
	<30	5
年降雨量/毫米	>550～650	15
	>650～800；450～550	10
	>800；<450	5
土壤质地	黏土	5
	壤土	12
	砂壤土	15
	砂土	2

在实现区划指标空间化基础上，采用专家打分的方法，根据指标要素取值范围进行评分，建立单因子评价栅格图层；利用 GIS 空间叠置功能，将各指

标评分栅格图进行叠加，得到气候综合评分栅格图。结合北京市苹果生长分布状况的实际确定综合评分值，依次划分为最适宜区、适宜区、一般适宜区、不适宜区和最不适宜区五个等级（图 6-1）。

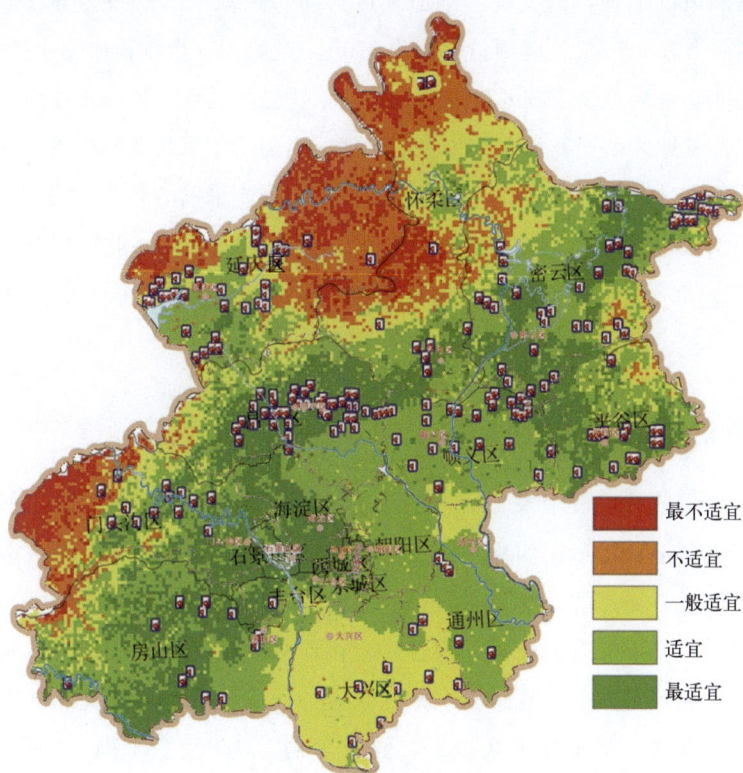

本图参照北京市行政区域界线基础地理底图(全市)。

图 6-1　北京地区苹果适宜产区分布

注：每个图标代表 500 亩该果树种植面积（下同）。

（1）**最适宜产区**　主要分布在平原和山区的交界处，以及密云、怀柔河谷盆地、延庆河谷和门头沟永定河两岸。这些地区土层厚，又地处山区和平原交界处，昼夜温差大，所以是苹果的最适宜区域。该产区面积约占全市苹果总面积的 60％ 左右；海拔一般在 50～300 米；年均气温在 10～11.5℃，夏季大于 30℃ 的天数为 40～60 天；无霜期 185 天以上；降雨量多数在 600～650 毫米。

（2）**适宜产区**　主要分布在最适区周边，以及中东部平原地区；在浅山和河谷盆地栽培苹果较多，而在平原地区由于多数为城区、农作物，实际苹果种植面积有限。该产区海拔一般在 50 米以下或 300～600 米；年均气温平原地区大于 11.5℃，高海拔地区在 8～10.5℃；降雨量在 600 毫米左右。

（3）**一般适宜区** 位于适宜区西部、北部或东北部的高海拔地区，包括延庆部分高海拔的盆地，以及南部平原地区；高海拔地区的海拔为 600～800 米，年均气温多数在 6～8℃，降雨量一般为 500～600 毫米，个别地方受小气候影响，降雨超过 650 毫米；该区域可栽培国光等抗寒性强的品种。另外，在南部平原和东部平原部分地区由于夏季高温和砂性土壤，不利于苹果栽培，也属于一般适宜区，该地区宜发展中早熟品种，或特异品种，走观光采摘的营销模式。

（4）**不适宜区** 主要是高于 800 米的山区，年均气温一般不到 7℃。

（5）**最不适宜区** 主要是高海拔的山区，在北京超过 1000 米的地区建议不要栽培苹果。

6.3.3 苹果主产区规划

北京市目前栽培有苹果 12.6 万亩，主要分布在北部山前暖带、东北山地河谷、延庆盆地和山地、门头沟永定河两岸、西南、南部平原。其中南部平原散生苹果产区不属于北京苹果适宜区，并且随着大兴科技创新中心区、首都第二机场及城市副中心等的建设，将进一步挤占农业用地，所以该区域未来不适合进一步发展苹果产业。北京苹果产区未来一段时间内主要围绕北部山前暖带等五大产区发展。苹果是大众水果，健康水果，"一天一个果，疾病远离我"的观念深入人心，也适合秋天观光采摘，所以未来宜在适宜区扩大苹果种植规模，提高苹果品质和观光果园建设水平，将苹果产业进一步发展壮大。建议在未来几年新发展苹果 2 万～3 万亩，使全市苹果面积达到 15 万亩左右。主要产区和发展规划如下：

（1）**北部山前暖带苹果产区** 主要位于北部山区山前缓地，是苹果的最适宜区，也是北京市苹果发展历史较早、技术水平最高的区域，包括昌平、怀柔、顺义和平谷部分地区，主要乡镇有昌平的崔村镇、南绍镇、十三陵镇和南口镇，顺义的龙湾屯镇、木林镇，平谷的峪口镇，怀柔新桥镇等地。苹果面积 4 万余亩，占全市苹果种植面积的 40％左右，可再发展 1 万亩左右。目前该区域苹果生产中存在的主要问题是部分苹果因为树龄、腐烂病等问题需要淘汰更新；苹果品质尤其是安全品质需要进一步提高；新发展的密植苹果园生产技术急需完善；劳动力成本过高等。

建议今后几年在该区域继续优化其品种结构，调整好早中晚熟品种的比例；加快有机果品基地建设，促进生产环节有机化、标准化栽培，实现苹果果品的无公害化，走健康绿色的有机化苹果生产路线；大力开展苹果绿色无袋栽培技术，多效并举降低劳动力成本（套袋、解袋成本约占苹果劳动力成本的一半）；对于原有苹果大树，在做好提质增效技术的同时，积极进行老树的更新复壮，确保可持续发展；对需要淘汰的老果园尽快淘汰，更新果树和品种，同时政府加大补贴推进更新步伐；继续做好苹果产业化、集约化的工作，推进土地流转股份制经营体制的实施，积极鼓励民营企业搞规模化、集约化经营；借助现有的互联网及其他技术手段，发展智慧农业，实现苹果园的信息化管理；创新发展模式，加大休闲购物场所、产品文化介绍、乡村酒家、文化广场等观光休闲采摘基础设施建设，加快都市型公园化观光果业发展；继续创新科技培训、试验示范与推广体系，为优质的果品生产打好基础；积极打造产区品牌，做好宣传推广工作，争做北京苹果产业的龙头，利用好北京作为国际化大都市的优势，争取早日走出国门，成为享誉全球的产品。

（2）东北山地河谷苹果产区　　该产区也是苹果的最适或适宜产区，主要分布在密云的新城子镇和密云水库周边，面积1万余亩，未来可再发展0.5万～0.6万亩。该地区昼夜温差大，生态条件比山前暖带更为优越，具有发展高档苹果的潜力。该区存在的主要问题是苹果生产技术落后，效益较低。

建议通过建立优质高效栽培示范、加大苹果生产技术培训、加大政府配套物资补贴等手段全面升级该区苹果的生产发展，将该区打造成为北京市高档苹果生产示范区，以提高苹果品质和改善优化品种结构为主，做好创新科技培训、试验示范与推广体系的工作，努力提高当地农民的果园管理技术水平。可借鉴昌平山前暖带苹果产区的发展模式，继续做大做强苹果的产业链，从而使这些产区的苹果生产潜力得到进一步的开发利用。

（3）延庆盆地和山地苹果产区　　主要位于延庆区的山前缓地，包括张山营镇张山营村，八达岭镇礼炮村等地，面积约1万余亩，多数都是发展苹果的适宜区。该区海拔高，昼夜温差大，具有生产高品质苹果的潜力，也是发展国光、海棠、沙果等小苹果的最佳产区。该产区生产中存在的主要问题是生产管理水平落后，有的年份富士、红星等品种存在冻害问题。

建议未来几年再发展0.3万～0.5万亩的苹果，特别是国光以及冷海棠、热海棠、沙果、槟子、虎拉车等小苹果。在张山营村、礼炮村等苹果专业村全面提高苹果种植水平，努力打造高档苹果示范区。针对延庆产区冬季冻害的问题，还应做好冬季预冷防寒工作，最大程度地减少灾害对果农带来的生产损失，继续推进果树互助保险工作，通过各项配套政策措施为果树生产保驾护航，提高果树产业的抗风险能力，维护好果农的切身利益。

（4）门头沟永定河两岸苹果产区　该区也是发展苹果的最适宜区，主要位于门头沟永定河两岸，面积约 0.4 万余亩。该区环境条件优越，可适当再发展 0.2 万～0.3 万亩的苹果。现在存在的主要问题是过去老苹果树腐烂病严重，需要淘汰更新。建议通过加大补贴等手段加快更新速度；同时在斋堂和海拔较高的地方不宜发展矮化苹果树。

建议对于门头沟永定河两岸苹果产区、京东山前苹果产区以及平原散生苹果产区，首先应加大老旧低效苹果园的改造力度，以市场为导向，做好老旧品种的更换工作，引进优质品种，加强苹果标准园的试验示范与推广工作，扭转其生产呈整体萎缩的态势，使这些产区的苹果产业朝着更加高效合理的方向发展。对于腐烂病不是很严重的果园也可以主动培养根蘖苗进行更新，这样更新速度快，还不存在重茬问题。

（5）西南苹果产区　该产区也位于苹果的最适宜区，主要在房山周口店镇、河北镇、丰台王佐镇等地。虽然该区域可以大面积发展苹果产业，但由于历史积淀少，总体面积不大，不足 5000 亩，而且这些地区目前主要发展柿和葡萄等果树，未来发展的前景不大。

6.4　梨产区规划及分析

6.4.1　梨对气候环境条件的要求

梨树喜温，生长发育需要较高温度，休眠期则需一定低温。不同种类的梨耐寒力不同，原产中国东北部的秋子梨极耐寒，野生种可耐−52℃低温，栽培种可耐−35～−30℃低温；白梨类可耐−25～−23℃低温；沙梨类及西洋梨类可耐−20℃左右的低温。梨树适宜的年平均温度秋子梨约为 4～12℃，白梨为 10～15℃，西洋梨约为 10～14℃，沙梨约为 15～21.8℃（郭兆夏等，2010a；郭兆夏等，2010b）。梨树为喜光果树，年需日照在 1600～1700 小时（李斌等，

2016)。

梨树生长发育需水量较多，对水分要求比一般果树高。蒸腾系数为 284～401，每平方米叶面积蒸腾水分约 40 克左右，低于 10 克时，即能引起伤害。秋子梨、白梨、西洋梨类耐湿性差，沙梨类耐湿性强，当土壤含水量在15％～20％时较适于根系生长，降至 12％则根系生长受抑制。

梨树对土壤的适应性强，以土层深厚、土质疏松、透水和保水性能好、地下水位低的砂质壤土最为适宜。梨树对土壤酸碱适应性较广，pH 在 5～8.5 范围内均能正常生长，以 pH 5.8～7 最适宜；梨树耐盐碱性也较强，土壤含盐量在 0.2％以下生长正常，达 0.3％以上时，根系生长受害，发育明显不良（表 6-3）。梨砧木中，杜梨要求偏碱，而沙梨和豆梨要求偏酸（陈杰忠，2003）。

表 6-3　梨主产区一般生态适应性指标

| | 种类 | 气候因子（主要指标） | | | | | | 土壤因子 |
		年平均气温/℃	1 月平均温/℃	7 月平均温/℃	极端低温/℃	生长季节（4～10 月）均温/℃	年均降雨量/毫米	最适 pH5.8～7，耐盐碱（含盐量 <0.2％），最适合砂壤土
中国	秋子梨	4～12	−15～−5	22～26	−30	14.7～18.9	秋子梨：400～500；白梨及西洋梨	
	白梨	10～15	≥10	23～30	−25～−23	18.1～22.2		
	西洋梨	10～14	≥−8	22～25	−20	18.01～22.0		
	沙梨	15～21.8	0.8	26～30	−23	15.8～26.3		
日本	西洋梨	10.3～10.5	1.5～1.6	22.2～23	−23	16.8～17.3	400～860；沙梨：>1000	
	沙梨	12～15	—	—		19～20		

引自《果树栽培学各论》（陈杰忠，2003）。

6.4.2　区划指标的提取与适宜区的确定

我们根据白梨和沙梨对环境条件的要求（靳爱仙等，2006；权维俊等，2007；李斌等，2016）进行了产区规划，秋子梨的适应性与白梨相近（对低温的适应性更强），西洋梨在北京不宜大规模发展，故未做考虑。根据上述分析以及梨对气候环境条件的要求选取年平均气温、1 月平均气温、年均降雨量、水资源分布、海拔高度、坡度、土壤厚度和土壤质地等指标作为梨产区区划的主要生态因子（表 6-4）。年平均气温和年降水量为白梨主要区划因子，赋予分值最高。由于土壤供水状况是影响梨果实膨大期果实品质形成的关键因子，在春季如果浇不上水，梨果实会显著减小，商品性降低，因此区划中也进行了考虑。梨生长所需日照数为 1600～1700 小时，北京生长季光照条件好，大部分地区年日照时数在 1600 小时以上，均可充分满足梨的生长需求，故日照时数未列入区划指标。北京地区梨区划具体指标及评分见表 6-4。

表 6-4 北京地区梨区划指标和评分标准

区划指标	范围	沙梨评分	白梨评分
年平均气温/℃	＞11.5	40	30
	＞9～11.5	25	25
	＞7～9	15	15
	6～7	5	5
	＜6	0	0
1月平均气温/℃	＞−6	15	15
	−8～−6	10	10
	−10～−8	5	5
	＜−10	0	0
坡度/°	0～6	20	20
	＞6～14	10	10
	＞14～22.6	5	5
	＞22.6	0	0
海拔高度/米	0～60	15	5
	＞60～300	10	15
	＞300～600	0	10
	＞600	0	0
土层厚度/厘米	＞80	15	15
	＞50～80	10	10
	30～50	5	5
	＜30	0	0
年降雨量/毫米	＞700	30	30
	＞600～700	25	25
	＞500～600	20	20
	≤500	5	5
土壤质地	黏土	0	0
	壤土	15	15
	砂壤土	20	20
	砂土	15	15
水资源分布	充足	20	15
	基本平衡	15	10
	轻度缺水	5	5
	中度缺水	0	0
	严重缺水	0	0

结合北京市白梨和沙梨生长分布状况的实际确定综合评分值，依次划分为最适宜区、适宜区、一般适宜区、不适宜区和最不适宜区五个等级。

从图 6-2 可看出，北京适宜栽培白梨的区域较大，除海拔较高的山区外，在平原、浅山和丘陵地带均适合白梨生长，其中北京中部、南部和东部平原地区最为适宜；西部和北部山区由于海拔高、气温低和土层薄等原因不利于白梨生长。由于沙梨对温度和水分的要求更高，所以适宜区比白梨范围小，最适区主要集中在低海拔的平原地带，而浅山和丘陵地带为适宜区（图6-3）。需要特别指出的是沙梨对水分要求高，在灌水不足时会严重影响梨的大小和品质，所以即使在生态适宜区如果不能满足灌水条件也不宜种植沙梨。

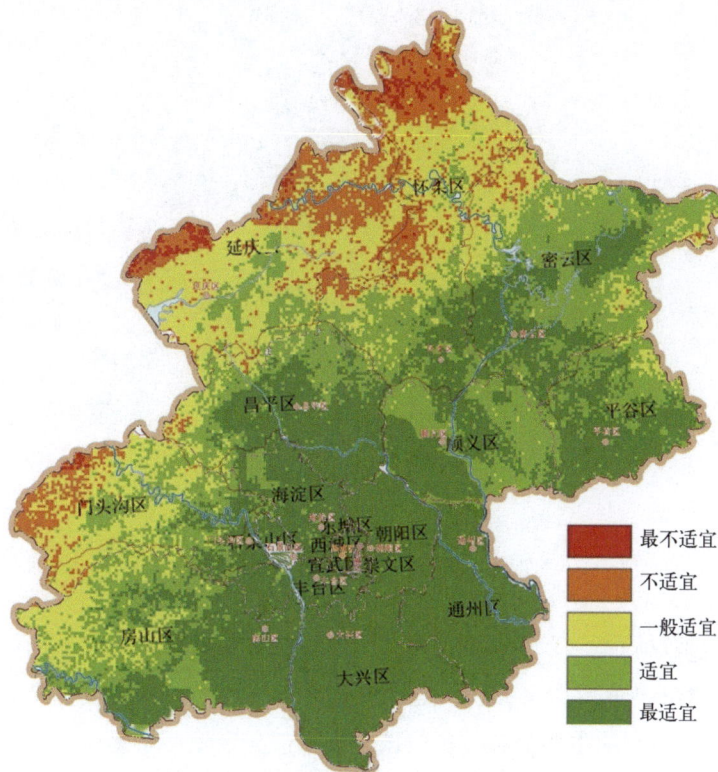

最不适宜
不适宜
一般适宜
适宜
最适宜

本图参照北京市行政区域界线基础地理底图(全市)。

图6-2　北京地区白梨适宜产区分布

秋子梨系统的品种对环境条件的要求与白梨相似，但对低温的适应性更强，所以秋子梨的适宜区域与白梨基本一致，在浅山区也可以栽培（图6-2）。西洋梨品种更喜欢冬季温暖湿润、夏季凉爽的海洋性气候，几十年来北京的试种表明本地区并不适合西洋梨种植。

梨的主要适宜产区分布如下：

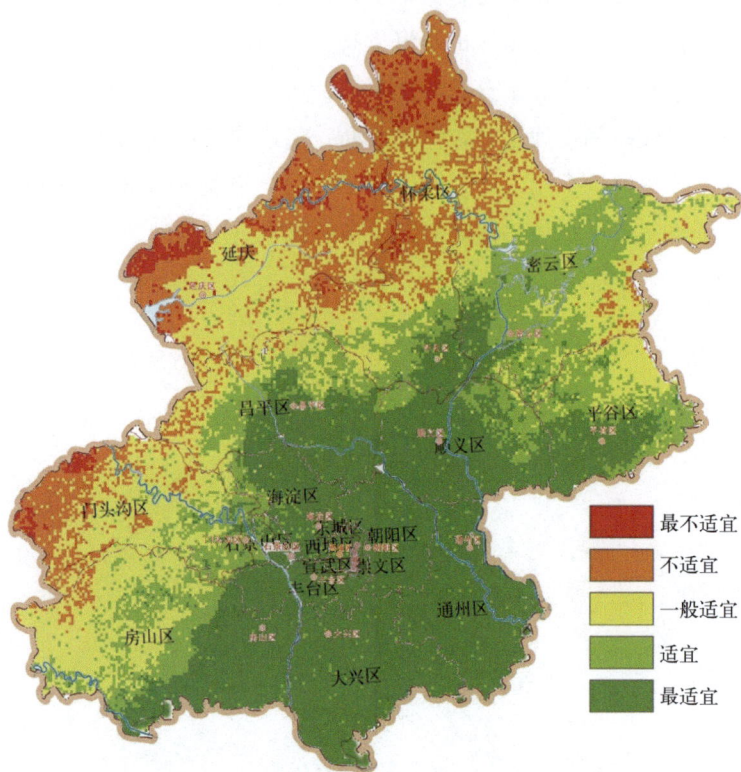

本图参照北京市行政区域界线基础地理底图(全市)。

图 6-3 北京地区沙梨适宜产区分布

（1）**最适宜产区** 主要包括中东部平原、南部和西南部平原地区，以及平原北部和西部的山前缓地。该产区面积约占全市总面积的一半，也是北京市梨特别是沙梨和白梨的主要分布区；但该产区大部分区域属于是城区、农作物和绿化用地等，未来梨树面积还会进一步萎缩；该产区海拔一般在 100 米以下，年均气温在 10℃以上，无霜期在 185 天以上，降雨量多数在 550～600 毫米。

（2）**适宜产区** 主要包括西部、北部浅山地区，东部丘陵浅山地区，密云、怀柔和延庆河谷盆地，门头沟永定河两岸、房山大石河两岸等；该区域多数属于浅山、河谷或丘陵地区，是栽培秋子梨的主要区域之一。该产区海拔一般在 100～300 米，年均气温 8～10℃，无霜期在 180～185 天，降雨量在 600 毫米左右。

（3）**一般适宜区** 位于适宜区西部、北部或东北部的高海拔地区，包括延庆部分高海拔的盆地；主要是海拔 200～600 米的山区，年均气温多数在 6～8℃，降雨量一般 500～600 毫米，个别地方受小气候影响，降雨超过 600 毫米；该区域是秋子梨栽培的主要区域之一，分布着很多传统的大树。

（4）**不适宜区**　主要是高于 600 米的山区，年均气温一般不到 7℃，该区域栽培梨很少。

（5）**最不适宜区**　主要是高海拔的山区，在北京海拔超过 800 米、年均气温低于 6℃ 的区域基本没有梨栽培。

6.4.3　梨产区规划

北京目前有梨树面积 11.4 万亩，占全部果树种植面积的 5.6％，总收入 5.06 亿元，占全市果品收入的 11.6％。梨栽培相对集中，主要分布在北京南部永定河两岸的沙土地、大兴南部平原、潮白河两岸、东北浅山地区、西山 5 个主要产区。梨是北京的传统优势果树树种，需要保持和发展。在平原地区对现有梨树通过树形改造、肥水管理、病虫害安全防治等进行提质增效，在生产中大力推广省力化栽培和节水灌溉技术；在山区特别要注重保护和新发展一些传统的特色品种，如京白梨、子母梨、红肖梨和酸梨等品种，将传统果树发展和山区建设、低收入群体增收相结合，进行统筹发展。在各区中，大兴区的梨树面积最大，但未来随着城区和第二机场建设，面积会不可避免地萎缩。在未来梨生产规模上建议平原地区保面积，山区积极新发展一些梨树，特别是传统的名优品种，如"金把黄"鸭梨、子母梨、京白梨和红肖梨等。

北京地区的梨主要产区和发展规划如下：

（1）**永定河沙地梨产区**　该产区主要位于北京南部的永定河两岸，是最适宜栽培梨树的地区，也是梨树栽培历史悠久的地区，包括大兴区的庞各庄镇、榆垡镇，房山区的琉璃河镇东部，该区是北京梨栽培最集中的地区，面积 2 万余亩。该产区种植规模最大，品种多，有很多北京地区传统的梨品种。其中梨花村、贾河村、辛庄等都是传统秋子梨产区，有古梨树一万余亩，栽培有"金把黄"鸭梨、子母梨、京白梨、红肖梨等传统品种，还有鸭广梨、丰水梨、黄金梨等品种。该产区交通便利，气候温和、雨量适中、无霜期长、光照充足、日暖夜凉，昼夜温差达到 11℃，有利于糖分积累，土壤主要属于永定河水沉积的土壤，土质细腻疏松，有利于梨树根系的生长发育，为北京市梨生产的最适产区。最大的问题是经营管理落后，果品价格低，果农生产积极性受挫。

建议采用多种经营模式，尽快提升该地区传统梨品种的知名度，充分利用现有资源，创建北京特色梨品种。可吸引资本进入，进行创新经营；也可通过合作社、公司进行集中经营；政府等职能部门需要利用各种平台进行宣传推介，提高当地梨的知名度。另外，该区梨树生产在管理技术上也有很多地方需要提升，特别是老果树的更新复壮和节水灌溉等方面，需要科研机构和当地合作，建立高标准示范区，进行攻关解决；该区有许多名优品种，应在创新经营上多下功夫，积极引进龙头销售企业和外来资本，进一步提高梨的价格；积极拓展国内外梨产品市场，拓宽销售体系；不断创新梨产业的发展模式，探索新的发展道路，积极挖掘其文化内涵，可以通过建设一些主题公园、观光采摘园来达到推广宣传的目的。

（2）潮白河沙地梨产区 该产区主要位于顺义的潮白河畔，面积 1 万余亩。在 2000 年前后产业结构调整的过程中，顺义区结合当地实际情况发展了大量的沙梨品种，包括丰水梨、新世纪梨、黄金梨等。由于城镇建设和工业发展，以及品种管理费工，价格不理想等原因，该地区梨的栽培面积已有所减少。该产区是梨树生产的最适区，需要从提升栽培技术、提高果实品质、创新经营模式等方面提升该产区梨产业水平。在龙湾屯镇还保留部分酥梨品种，是北京市酥梨最集中的地区，也亟须保护发展，重点是提高品质和价格。

潮白河沙地梨产区和东北部山地梨产区，由于城镇建设和工业发展，有些地区梨的栽培面积在不断减少，建议改走小规模精品观光采摘型果园的发展路线，不断提升生产技术水平和引进一些特色优质梨品种，丰富品种结构，以满足消费者的个性化需求。另外，还应加大对低效梨果园的改造力度和有机梨果品标准园的建设力度，在提质增量的基础上进一步借鉴大兴地区梨产业的发展模式，不断拓展整条梨产业链，打造属于本产区的梨品牌，从而提升北京地区梨产业的整体发展水平，打造出享誉国内外的北京梨品牌。

（3）京南平原梨产区 该产区主要位于大兴区南部的安定、北臧村、魏善庄等地，面积 2 万余亩。近年来引进推广了丰水、黄金、爱宕、新兴、新高、园黄等优新梨品种，采用先进的栽培技术，建立了安全高效的果品生产体系，生产水平为全市最高。该产区面临较大的问题是如何保持面积，提高管理水平和生产效益，建立现代化高效节水梨园。该产区曾对过去的鸭梨等品种进行过高接换优，也进行过棚架梨技术推广，有机梨技术推广等。但棚架梨如何整形修剪，有机生产技术如何落实应用等问题还亟待解决。

建议利用平原地区生产便利条件积极发展以密植和机械应用为特征的现代化梨树生产技术，加快集约化产业化的发展步伐，积极鼓励民营企业参与果品规模化、集约化的生产经营，尽可能降低生产成本，增加果品效益；积极推广棚架梨高效生产技术，提升当地梨树生产管理水平；落实有机绿色生产技术，提高当地梨的安全品质；要以市场为导向，继续优化调整梨品种结构，不断完善果业技术和科技服务体系，做大做强整条梨产业链，做好梨果品的深加工，创造更多的梨产品附加值；加大绿色有机梨果品标准园的建设力度，走绿色健康的有机果品发展之路。

（4）东北部山地梨产区　该产区主要位于北京东北部的浅山区，包括密云区的大城子镇、穆家峪镇，平谷的镇罗营镇，栽培面积有 4 万亩左右。该产区的品种主要是传统的红肖梨和镇罗营蜜梨，也有部分鸭梨、佛见喜、秋白梨、糖梨等。存在的主要问题是：老树管理技术落后，产量低、效益差。建议推广大树改形、枝组更新、水肥一体化等技术，全面提升梨树产量和品质，提高果园效益。

（5）西山梨产区　该产区也是北京地区传统梨的产区，是京白梨的发源地，主要位于门头沟孟悟村、东山村、香峪村，昌平阳坊镇，海淀后山等地，栽培面积已达到 0.3 万余亩。京白梨是北京传统梨中品质最好、名气的最大品种。面临的最大问题是门头沟的孟悟村、东山村、香峪村已被房地产开发商看中，如何有效保留当地的京白梨果园是较大难题。

建议在城区发展中政府应该和开发商提前商定好如何保留和发展当地的传统品种。京白梨作为众多名特优果品中的佼佼者，也是京郊果品中唯一冠以"京"字头的著名地方特色品种，因此对于军庄京白梨产区应做好对京白梨品牌的宣传和保护工作，特别是确保梨树面积不减少，对老梨树进行养根壮树，树形改造等工作；不断加快京白梨关键栽培技术的推广，做好其品质提升工作，积极挖掘其潜在的文化和历史价值，进一步提升其产品附加值。

6.5 桃产区规划及分析

6.5.1 桃对气候环境条件的要求

北方桃树生长的最适宜年均温为 8～14℃，冬季极端温度高于－23℃ (Li，1984；王宇霖等，1984；贾敬贤等，2006)。根系受冻的温度为－12～ －10℃，休眠中的花芽能耐受－18℃以上的低温，花蕾在－3℃以上不会受害， 但花瓣在－1.1℃即受冻害。桃树在冬季也需要一定的低温来完成休眠过程， 冬季大于等于 7.2℃的需冷时数为 750 小时，桃原产于海拔高、日照长的地 区，形成了喜光的特性，年均日照时数最适为 2200 小时 (王力莹等，1997； 许昌燊，2004)。桃树为浅根系，对水分敏感，最适年降水量为 500～800 毫 米，在生长期 (4～6 月) 雨量不宜超过 500 毫米，否则会使枝叶旺长，对花 芽形成不利；北方则表现为枝条成熟不完全，冬季易受冻害。桃的最适土壤为 排水良好、土层深厚的砂质土壤，pH 5.5～6.5 呈微酸性 (贾敬贤等，2006) (表 6-5)。

表 6-5　桃生态适宜区划一般指标（北方地区）

生态 适宜性条件	气候因子				土壤因子
	年平均 气温/℃	极端低温 /℃	年均日照时数 /小时	年降水量 /毫米	砂壤土，pH4.5～7.5， 含盐量<0.14%
适宜值	8～14	－23	2200	500～800	

引自《中国作物及其野生近缘植物·果树卷》（贾敬贤等，2006）。

6.5.2 北京桃区划指标的提取与适宜区的确定

根据桃对气候环境条件的要求，并借鉴相关研究结果（王宇霖等，1984； 李载龙，1994；吴春艳等，2010；王锐婷等，2013；杨全合等，2013），结合 北京实地考察调研，选取年平均气温、1 月平均气温、6～8 月＞30℃天数、年 平均降雨量、海拔高度、坡度、土壤厚度和质地等为桃产区区划的主要指标因 子，如表 6-6 所示。所选区划指标中，年平均气温为主导指标，基本决定了桃 种植的适宜程度。另外，夏季高温天数影响产量和品质；海拔高度影响果实糖 度和外观品质，在一定范围内海拔越高往往含糖越高；降雨量是影响桃生长发 育的关键气候因子，降雨多，易落果和裂果，降雨不足则影响生长。

不适宜分布的区域主要是高海拔的山区（骆咏等，2008），在北京超过1200米的地区就很难栽培桃树。

表 6-6　北京地区桃区划指标和评分标准

区划指标	范围	评分
年平均气温/℃	＞11.5	30
	＞9～11.5	25
	＞7～9	15
	＞6～7	5
	≤6	0
1月平均气温/℃	＞−6	15
	−8～−6	10
	−10～−8	5
	＜−10	0
坡度/°	0～6	20
	＞6～14	10
	＞14～22.6	5
	＞22.6	0
6～8月大于30℃天数/天	＜28	10
	28～38	8
	＞38～48	5
	＞48	0
海拔高度/米	0～60	5
	＞60～300	15
	＞300～600	10
	＞600	0
土层厚度/厘米	＞80	15
	＞50～80	10
	30～50	5
	＜30	0
年降雨量/毫米	＞700	20
	600～700	25
	500～＜600	20
	＜500	10
土壤质地	黏土	0
	壤土	15
	砂壤土	10
	砂土	5

从图 6-4 可看出，桃的主要适宜产区分布如下所述。

（1）**最适宜产区**　北京地区桃适宜栽培的区域很多，主要是因为桃起源于北方，对北京的生态条件较为适应。北京的平原、丘陵、浅山和河谷盆地等都是桃的最适宜分布区；该产区面积约占全市桃总面积的 70％以上，主要是平谷低山和丘陵，东部和南部平原产区；该产区海拔一般在 400 米以下，年均气温在 9℃以上，无霜期在 180 天以上，降雨量多数在 550～650 毫米。

（2）**适宜产区**　主要包括浅山地区和延庆河谷盆地，该区域海拔高，桃长势中庸，病虫害少，是生产优质桃的最佳地带。该产区海拔一般在 400～600 米，年均气温 8～10℃，无霜期在 175～185 天，降雨量在 600 毫米左右。

（3）**一般适宜区**　位于适宜区西部、北部或东北部的高海拔地区，包括延庆部分高海拔的盆地；主要是海拔 600～800 米的山区，年均气温多数在 7～8℃，降雨量一般 600 毫米左右，延庆河谷不足 500 毫米；该区域桃树栽培较少，主要是在平谷的东北部山区有部分栽培。

（4）**不适宜区**　主要是高于 800 米的山区，年均气温一般不到 7℃。该区域栽培桃很少。

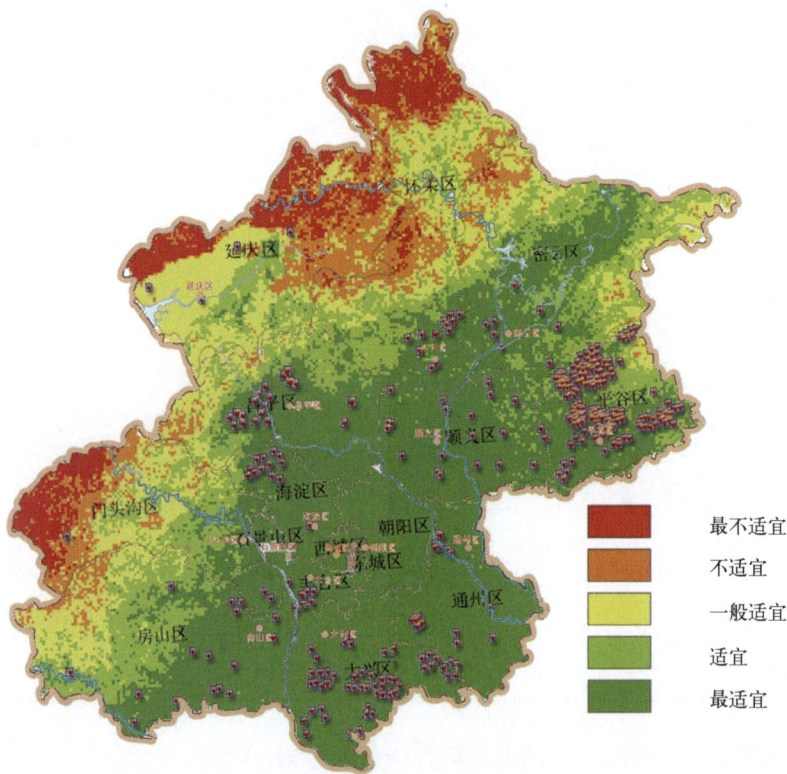

本图参照北京市行政区域界线基础地理底图(全市)。

图 6-4　北京地区桃适宜产区分布

（5）**最不适宜区** 高海拔的山区，在北京超过 1000 米的地区桃树难以成活。

6.5.3 桃产区规划

桃是北京鲜果栽培面积最大的树种，总面积 31.3 万亩，占全部果树面积的 15.3％；总收入 16.7 亿元，占全部果品收入的 38.4％。未来几年北京桃的规模建议稳定现有面积，积极提升内在品质和效益，走内涵式发展的道路。其中平谷桃产区的栽培面积有 20 万亩，占全市桃栽培面积的 64％。平谷桃产区地势东北高西南低，山地、丘陵、平原兼有。该产区属暖温带大陆性季风气候，在发展桃业生产上具有独特的地理和气候优势，光照强，积温高，雨热同季。水系相对独立，水资源蕴藏丰富，水质纯净。山地土壤养分较高，平原土层深厚。该产区除了具备生产优质桃的自然生态条件外，还有较为先进的生产管理水平，是全市生产优质桃的最适产区。再加上多年来平谷区致力于发展桃树生产，制订了一系列的优惠政策，推广了大量优质高产技术，所以该区桃树生产规模、栽培水平、果园效益都是全市最高的。北京地区桃树栽培相对集中，主要分布在四个产区。由于桃树适宜区面积大，栽培技术相对容易掌握，所以其他地区也可以适当发展桃树。当前桃树产业面临的最大问题是桃的价格较低，再加上劳动力、农资等成本的上升，造成当前桃树栽培的效益不高。

（1）**平谷桃产区** 平谷桃产区位于平谷区内，栽培面积 20 余万亩，栽培面积占到全市的 63％；产量达 2.9 亿千克，总收入 12.8 亿元。平谷区桃树的亩收入约 6400 元，可是每亩的投入约 3000～5000 元（不计园主劳动力成本），整体而言利润微薄。想要提高果园效益，首先要提高桃果的价格，平谷在农超对接、快递配送等方面做过大量的工作，今后应该继续依托北京巨大的消费市场，充分利用现代信息技术，创新桃营销模式，全面提升平谷桃产业水平。

建议充分利用和挖掘北京市的消费市场，努力在高档消费群体中进行个性化消费，如生产有机桃、礼品桃、贴字等特异性果实等；通过多种创新经营、网络营销、观光采摘等途径努力提高桃的价格，为北京果树发展创造出新的发展模式；对于生产管理水平较高的桃园，可以选择一些特色品种来发展观光果园、农家乐和都市农业，把创新作为推动产业发展的驱动力，加快产业增长方式转变和产业结构调整；确定果品产业"种植规模化、生产标准化、果业都市化、果品市场化、管理信息化"的发展方向，促进第一、二、三产业的有机融合，实现产业可持续发展，实现果农的持续增收。另外，桃被视为吉祥之物，人们常以桃祝寿、以桃祈福，桃花又是繁荣、幸福、和谐、喜庆、热烈的象征，可以以此来发掘桃的文化内涵，进一步扩展其精神文化功能，可以通过举办一些文化节，来进一步扩大当地桃产业的影响力，从而打造享誉国内外的一流桃品牌。

（2）京南平原桃产区　该产区主要位于大兴南部平原乡镇，栽培面积有4万亩。该区是北京市第二大桃产区，但总体管理水平和效益比平谷都要低。该产区具有交通便利、生产政策配套的优势，可以走高档、特色、精品的道路。

建议在未来积极探索桃的密植栽培技术、大树高效生产技术和绿色生产技术，全方位提升桃树生产水平；应不断创新科技培训、试验示范与推广体系，提高对低效桃园的整改力度，以市场为导向，积极引进优质桃品种，淘汰一些老旧品种，不断优化调整桃品种结构，不断完善相关的基础设施建设，挖掘这些桃产区潜在的生产力。另外，对于品种单一、风味品质一般、生产水平较差的低效果园，应积极推进品种结构的优化调整，大力发展优质水蜜桃、油桃、蟠桃系列品种，并注意早中晚熟品种的合理搭配；对于在经营方式上，以传统的生产型为主，单户经营为主体，组织化程度低，存在着技术水平参差不齐、更新自由化、品种调整自由化，致使果园不整齐、品种混杂，不能形成规模化和机械化生产的生产水平落后的果园，应积极推进集约化生产，促进与第二、三产业的融合，科学合理地进行品种调整，同时要抓紧完善现代果业的技术和科技服务体系，从而实现果农的增产增收。

（3）京东平原桃产区　该产区主要位于京东平原的西集镇、宋庄镇等地，栽培面积为2万亩。存在的问题和京南平原产区类似。

（4）京西北部桃产区　该产区包括昌平的西北四镇，长陵镇、流村镇、南口镇等地，以及海淀的苏家坨镇、西北旺镇等地。栽培面积有1.5万余亩。海淀等地是北京栽培桃树历史较为悠久、管理水平较高的地区，由于城市发展该产区桃的面积大为萎缩。今后主要对现有面积做好提质增效工作，充分利用区位优势积极开展观光果园建设。

6.6 葡萄产区规划及分析

6.6.1 葡萄对气候环境条件的要求

葡萄起源于温带，属于喜温作物。欧洲种葡萄萌芽要求平均温度在 10～12℃，开花、新梢生长和花芽分化期的最适温度为 25～30℃；低于 10℃时新梢不能正常生长，低于 14℃葡萄就不能正常开花。葡萄成熟的最适温度是 28～32℃（Jackson et al.，1988），在这样的条件下，有利于糖的积累和有机酸的分解，同时夏季高温不利于葡萄含糖量和品质的形成（Huang et al.，2000；罗国光等，2001）。葡萄耐寒性较差，欧洲种葡萄在休眠期芽眼可耐 −15℃的低温，在 −17～−16℃ 则发生冻害。冬季 −17℃的绝对最低温等温线是我国葡萄冬季埋土防寒与不埋土防寒露地越冬的分界线。葡萄的耐旱性强，年降雨量 350～1200 毫米的地区都能栽培葡萄（王宇霖等，1984）。当降雨过多时，往往空气湿度大，葡萄易滋生病害。葡萄是典型的喜光作物，在光照充足的条件下，花芽分化良好，产量高，果实品质好。葡萄对土壤要求不太严格，除了重盐碱土、沼泽地、地下水位不足 1 米、土壤黏重、通气性不良的地方外，在各类土壤上均能进行栽培，但葡萄最适宜的是土质疏松、通气良好的砾质壤土和砂质壤土，尤其是一些酿制高档葡萄酒的品种对土壤质地、结构都有严格的要求（李红英等，2014；王蕾等，2017）。

不同种类的葡萄生态适应性存在一定差异，如鲜食葡萄要求在生长季的活动积温大于 3800 小时，而起泡葡萄酒只要 2500～3600 小时就够了；酿酒用葡萄夏季高温会严重影响葡萄的养分积累，制约葡萄含糖量的提高，所以不适合在夏季高温的地区栽培，如起泡葡萄酒最热月均温宜在 16～24℃，浓甜葡萄酒为 20～28℃；葡萄干采前采后需要尽快脱水，所以年降雨量不宜超过 700 毫米，采前一个月应少于 20 毫米。不同种类葡萄生态适宜区的规划指标如表 6-7 所示。

表 6-7 葡萄主产区生态适宜区划一般指标

生产方向	活动积温 /℃	最热月均温 /℃	年降水量 /毫米	采前 1 月降水量 /毫米
起泡酒	2500～3600	16～24	400～1200	0～150
佐餐酒	2800～4100	18～26	400～1200	0～170

生产方向	活动积温 /℃	最热月均温 /℃	年降水量 /毫米	采前1月降水量 /毫米
浓甜葡萄酒	3600～4100	20～28	350～800	0～100
白兰地	3200～3600	22～24	400～1200	0～150
鲜食葡萄	＞3800	≥22	500～1000	0～100
葡萄干	＞4000	≥25	500～700	＜20

6.6.2 北京葡萄区划指标的提取与适宜区的确定

据上述分析和北京地区葡萄生产实际情况（周萍，2004），我们认为影响其生长和品质优劣的主要生态因子包括年平均气温、1月平均气温、坡度、土层厚度、6～8月＞30℃天数、年降水量、6～8月份空气湿度、土壤质地、无霜期和海拔高度等。具体指标和标准如表6-8所示。根据分析结果确定综合评价值，依次划分为最适宜、适宜、一般适宜、不适宜和最不适宜5个等级（图6-5）。

表 6-8 北京地区葡萄区划指标和评分标准

区划指标	范围	评分
年平均气温/℃	≥11.5	25
	＞9～11.5	20
	≥8～9	10
	≥7～8	5
	≤7	0
1月平均气温/℃	＞−6	15
	−8～−6	10
	−10～＜−8	5
	＜−10	0
坡度/°	0～6	10
	＞6～14	10
	＞14～22.6	5
	＞22.6	0
6～8月大于30℃天数/天	＜28	15
	28～38	10
	＞38～48	5
	＞48	0
海拔高度/米	＞300～600	15
	45～300；＞600～1000	10
	＜45；＞1000	0
土层厚度/厘米	＞80	20
	＞50～80	15
	30～50	10
	＜30	5

区划指标	范围	评分
年降雨量/毫米	>550~650	15
	>650~800;450~550	10
	>800;<450	5
土壤质地	黏土	5
	壤土	12
	砂壤土	15
	砂土	2
无霜期/天	>180	25
	>160~180	15
	150~160	5
	<150	0
6~8月空气湿度/%	>73	0
	>72~73	5
	70~72	15
	<70	20

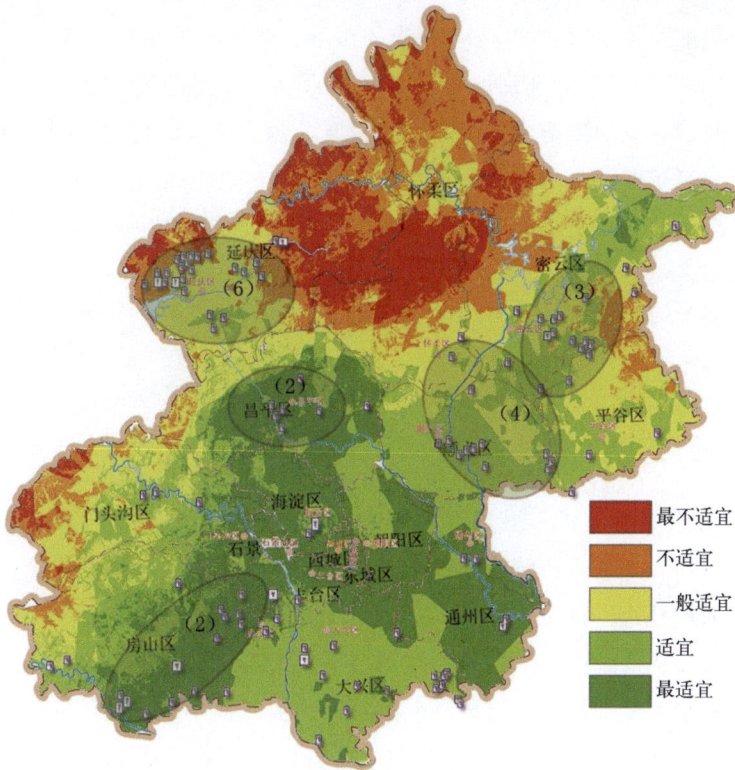

本图参照北京市行政区域界线基础地理底图(全市)。

图 6-5　北京地区葡萄适宜产区分布

从图 6-5 可看出，葡萄的主要适宜产区分布如下：

（1）**最适宜产区**　北京地区葡萄的最适宜产区主要分布在中西部山前暖带和平原地区、东部平原地区，密云和延庆河谷盆地也有一小块最适葡萄栽培的区域。山前暖带和平原地区的海拔一般在 100 米以下，年均气温在 10℃以上，无霜期在 180 天以上，降雨量多数在 500～650 毫米。延庆河谷盆地海拔在400～600 米，无霜期在 140～160 天，降雨量在 500 毫米左右；该产区埋土须在 10 月底完成，厚度宜在 30 厘米以上。密云河谷盆地海拔在 100～300 米，无霜期在 170～180 天，降雨量在 600 毫米左右。

（2）**适宜产区**　南部和中东部平原由于夏季高温、砂性或黏性土壤对葡萄生长不利，为葡萄的适宜产区，延庆河谷也有部分适宜产区。延庆适宜产区的海拔一般在 400～600 米，年均气温 8～10℃，无霜期在 140～160 天，降雨量在 500 毫米左右。

（3）**一般适宜区**　位于适宜区西部、北部或东北部的浅山地区，包括延庆部分高海拔的盆地；海拔 300～700 米的山区，年均气温多数在 6～8℃，降雨量一般 500～600 毫米，个别地方受小气候影响，降雨超过 600 毫米；该区域栽培葡萄较少，其中延庆河谷由于土层较厚，冬季可以深埋土，所以栽培部分葡萄，主要是抗寒性强的酿酒葡萄。

（4）**不适宜区**　主要是高于 600 米的山区，年均气温一般不到 7℃，很少有葡萄栽培。

（5）**最不适宜区**　主要是高于 800 米高山地区，年均气温低于 6℃，栽培葡萄很少。

6.6.3　葡萄产区规划

与 2005 年相比，北京葡萄的栽培面积减少得较为明显，主要是因为城区发展造成通州、大兴等传统产区面积减少。同时，葡萄生产劳动力成本高，价格徘徊不前，挫伤了种植户积极性。目前，北京市栽培有葡萄 4.43 万亩，占全市总果树面积的 2.1%，总收入 3.15 亿元，占全部果品收入的 7.2%。北京市的气候属于大陆性气候，这种气候的特征主要是夏季温度高，气压低，湿度大，冬季温度低且干燥。著名的葡萄酒产区勃艮第、阿尔萨斯产区就位于法国的北部和东北部，与波尔多产区的海洋性气候不同，这些产区的气候属于大陆性气候，同样能够生产出优质的酿酒葡萄，包括黑比诺以及许多白葡萄品种。

为此，北京市提出了葡萄酒的发展战略，重点发展酒庄葡萄酒。北京的葡萄主产区主要包括延庆、房山、大兴、密云产区，这些产区的种植面积已占到全市葡萄栽培总面积的 80% 左右。在酿酒葡萄发展过程中，应注重葡萄和葡萄酒的生产，政府应根据各地葡萄酒的产量和品质确定扶植政策，引领全市葡萄酒健康发展。

未来鲜食葡萄主要向高品质、个性化方向发展，努力提高果实价格；北京未来几年应结合大都市高档消费群体，重点发展酒庄葡萄酒，全面提升葡萄栽培的附加值。与我国葡萄栽培水平较高的地区如山东等相比，北京地区的葡萄管理水平还有较大差距，单产、品质等都有待提高。未来几年需要在省力化栽培、病害安全防控、反季节生产等方面进行技术示范，以使其形成新的亮点。

北京葡萄种植主要有 4 个相对集中的区域，昌平山前和怀柔河谷是葡萄种植的最适宜区域，目前栽培很少，可作为一个新区来打造。

（1）**京东南平原葡萄产区**　该产区基本处于葡萄生产的最适宜和适宜区，也是北京市传统的葡萄产区，主要包括大兴区的采育镇和通州区的张家湾镇，面积近 1 万亩。该产区面临的最大问题是由于城区扩展限制了葡萄规模，今后应通过创新经营模式、提升管理技术水平等，全面提高该区葡萄生产的质量。依托大都市和交通便利等条件，积极打造高档观光采摘园。该区域地处平原，夏季病害较为严重，宜积极推广避雨栽培技术，提升葡萄的品质，尤其是安全品质。

建议该产区今后继续加强鲜食优质品种的引进和推广，提高优质鲜食葡萄的栽培面积，提升葡萄产业的整体规模效应；在品种结构上保证早中晚熟品种的合理搭配，利用采摘优势，建设专供旅游观光的采摘休闲园区；各级政府要改善葡萄产业的整体生产条件，加强土壤改良力度，加大有机肥施用量，改善水利配套设施建设，提升从业人员的技术水平，提高田间管理力度，向集约化标准化产业化发展；要积极打造各个产区的葡萄知名商标和知名品牌，提升产区葡萄的商业附加值；完善葡萄销售队伍、拓展市场销售体系建设；继续加大发展集观光、采摘、休闲、住宿、娱乐为一体的主题观光园，以生态旅游、观光农业特色促进各个产区的发展和繁荣，从而带动北京市葡萄产业的整体发展。

（2）**延庆高寒葡萄产区**　该产区主要位于葡萄生产的适宜区，是北京市面积发展最快的区域，目前葡萄种植面积已占全区近 30%，将来几年将主导北京市葡萄产业发展。与北京市其他葡萄产区相比，延庆地区的葡萄产区面积为北京市最大，水资源丰富，水质优良，该产区大于或等于10℃的活动积温为3822℃，最热月平均气温为23.8℃，能保证葡萄中酚类物质和芳香物质的形成，年降雨量441毫米，采前1个月降雨量小于75毫米，采前1个月水热系数小于1.5，葡萄病虫害发生较轻，全年日照时数为2635.7小时，日照充沛，完全符合生产优质鲜食葡萄（欧亚品种、欧美杂交种）和优质酿酒葡萄所需要的生态条件。该区将来几年还可再发展葡萄面积0.5万～0.6万亩。该产区主要位于延庆的张山营镇、康庄镇。该产区年均气温低、光照充足、昼夜温差大、病虫害危害轻，具有生产高档葡萄和高档葡萄酒的独特优势。存在的主要问题是规模化程度还较低，很多果农管理技术不高，产出的葡萄在产量和品质上和预期还有较大差距。

建议通过建立高档葡萄生产示范区、果农周年培训指导等方式，尽快提升当地葡萄产业发展；延庆地区可以借鉴国外与其气候特征相似的一些著名的葡萄产区，如法国的勃艮第、阿尔萨斯葡萄产区以及保加利亚的色雷斯谷葡萄产区进行葡萄酒的生产加工。

（3）房山葡萄酒产区　该区属于葡萄生产的最适宜地区，具有发展葡萄的良好生态条件，是北京市未来葡萄产业最有潜力的区域，需要重点打造。该产区主要位于青龙湖、张坊等乡镇，葡萄栽培面积约0.8万亩左右，可再发展0.6万～0.8万亩。该产区主要发展酒庄种植酿酒葡萄，还有部分鲜食葡萄，已建成部分葡萄酒庄园（酒堡）。最大的问题是有酒庄建设很快，葡萄生产滞后，也缺乏高档的葡萄酒。

建议该产区今后几年主要从提升葡萄栽培技术、提高葡萄酒产量和档次上下功夫，苦练内功，努力打造吸引白领人士的葡萄酒乐园；同时根据本产区的具体气候特征及其土壤条件，继续引进国外优质的酿酒葡萄品种；随着消费者品牌意识需求的加强，应积极打造属于本产区的葡萄酒品牌，做好葡萄酒品牌的宣传和建设工作。

（4）密云河谷葡萄产区　该产区属于葡萄生产的适宜区，主要位于密云区蔡家洼、八家庄、久远庄等地，面积有0.7万余亩。密云区河谷产区属暖温带季风型大陆性半湿润、半干旱气候。冬季受西伯利亚、蒙古高压控制，夏季受大陆低压和太平洋高压影响，四季分明，干湿冷暖变化明显。该产区大陆冷凉气候、山坡地势、土质疏松、透气性好，富含石灰质的硕石混合土壤，为葡萄生长创造了适宜的环境。该产区的活动积温4252℃，远大于极晚熟品种＞

3700℃的积温要求，中、晚、极晚熟品种都可以成熟。年降水量大于 600 毫米，且降水量主要分布在夏季 7、8 月，月平均降水量都在 200 毫米左右，此时正是早、中熟品种的成熟期，若发展早、中熟品种则应选择耐湿热的欧美杂交种；而 9 月份降水量大为减少，因此晚熟和极晚熟品种可以选择品质好、抗病性强的欧亚种。

建议该产区种植葡萄以酿酒葡萄为主，未来可结合葡萄酒庄发展扩大规模，新发展 0.3 万亩左右。有的地方需要做好对晚霜和冰雹的预防工作，生产过程中注意搭建防雹网。

（5）北部山前暖带葡萄产区　主要包括昌平、平谷山前和河谷地带。该产区属于种植葡萄的最适宜区域，生态条件好，又处于北京的上风上水位置，是发展高档葡萄酒庄的最佳选择。目前葡萄栽培很少，建议作为一个高档葡萄酒生产的新基地进行打造。

6.7　樱桃产区规划及分析

6.7.1　樱桃对气候环境条件的要求

樱桃对温度条件要求比较严格（李明等，2014），适于在年平均温 9～14℃的地区栽培，冬季发生冻害的临界温度为−20℃。一年中，要求平均气温高于 10℃的时间为 150～200 天。樱桃是喜光性果树，年日照时数最适为大于2400 小时。樱桃对土壤水分很敏感，适于年降水量小于 1000 毫米的地区。樱桃最适于土层深厚、土质疏松、保水力强的砂壤土（刘聪利等，2014；张福兴等，2016）（表 6-9）。

表 6-9　樱桃主产区生态适宜区划一般指标（北方地区）

生态适宜性条件	气候因子						土壤因子
	年平均温/℃	极端低温/℃	0～7.2℃需冷量/℃	≥10℃积温/小时	年日照时数/小时	年降水量/毫米	
适宜区	9～14	−20	600～1400	3900～5000	＞2400	＜1000	pH6.0～7.5
次适宜区	7～9/14～15	−23	400～800	3600～3900/5000～5500	2000～2400	1000～1300	pH5～6/7.5～8

引自《基于系统聚类的河南省甜樱桃栽培气候区划研究》（刘聪利，2014）。

6.7.2 北京樱桃区划指标的提取与适宜区的确定

北京地处樱桃分布的北界，总体上都不太适合樱桃生长。根据北京气候条件和樱桃生产实际来选取区划指标（姚圣贤等，2006；刘聪利等，2014；张福兴等，2016），并在此基础上确定北京地区的适宜区，相关指标并不适合进行全国樱桃适宜性评价。我们认为影响北京樱桃生长和品质优劣的主要气象因子有年平均气温、1月平均气温、坡度、海拔高度、土层厚度、年降雨量、土壤质地。具体指标和标准如表6-10所示根据分析结果确定综合评价值，依次划分为最适宜、适宜、一般适宜、不适宜和最不适宜5个等级。

表6-10 北京地区樱桃区划指标和评分标准

区划指标	范围	评分
年平均气温/℃	>11.5	40
	>9~11.5	20
	>7~9	10
	6~7	5
	<6	0
1月平均气温/℃	>-6	15
	-8~-6	5
	-10~<-8	2
	<-10	0
坡度/°	0~6	15
	>6~14	10
	>14~22.6	5
	>22.6	0
海拔高度/米	0~60	10
	60~300	15
	>300~600	5
	>600	0
土层厚度/厘米	>80	15
	>50~80	10
	30~50	5
	<30	0
年降雨量/毫米	>700	10
	>600~700	15
	500~600	10
	<500	5
土壤质地	黏土	0
	壤土	10
	砂壤土	15
	砂土	5

北京地区樱桃的适宜产区分布如图 6-6 所示，可分为 5 大类。

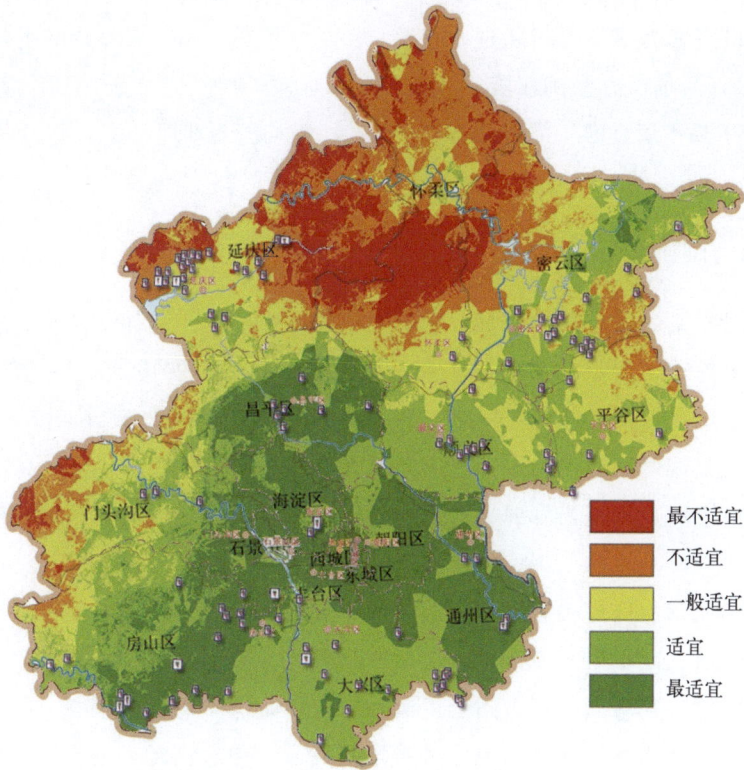

本图参照北京市行政区域界线基础地理底图（全市）。

图 6-6　北京地区樱桃适宜产区分布

（1）**最适宜区**　北京地区樱桃的最适宜产区主要分布在平原地区，密云河谷盆地也有一小块最适樱桃栽培的区域。这些区域的海拔基本在 100 米以下，年均气温超过 11.5℃，一月平均气温大于−6℃，无霜期超过 185 天，降雨量一般在 600 毫米左右。该区域是北京市樱桃的主要分布区，大概占全市樱桃栽培面积的一半左右。

（2）**适宜区**　主要位于平原周边的山前、浅山和低山丘陵地带，密云河谷也有部分适宜产区。该区域的海拔在 50～300 米，年平均气温在 10～11.5℃，1 月平均气温在−7～−5.5℃，无霜期 180～185 天。该区域也是北京市樱桃的主要产区，约占全市樱桃栽培面积的 40％左右。

（3）**一般适宜区**　主要位于山区和河谷盆地。该区域海拔超过 300 米，年均气温低于 10℃，一月的平均气温低于−7℃。由于冬季易受冻害，早春有抽条现象，加之多在山区，土层薄，水肥条件差等，实际樱桃栽培面积很少。

（4）**不适宜区**　海拔超过 600 米，年均气温低于 8℃，一月的平均气温低于−8℃，基本没有樱桃栽培。

（5）**最不适宜区**　海拔超过 1000 米，年均气温低于 6℃，一月的平均气温低于−8℃，基本没有樱桃栽培。

6.7.3　樱桃产区规划

樱桃在京郊地区栽培较多，是近十年来发展较快的树种。目前全市樱桃种植面积 6 万亩，占全部果树面积的 2.9%；总收入 3.29 亿元，占全部果品收入的 7.6%。未来几年可在近郊地区再发展樱桃 2 万～3 万亩，特别是通州、顺义和大兴区，距消费市场近，适合重点发展。新樱桃园主要应以高档观光采摘果园为主；也可适当发展一些设施樱桃，以满足首都市民早春对新鲜果品的需求。

目前北京地区樱桃栽培较为分散，相对集中的产区有 5 个，主要包括海淀四季青产区、昌平十三陵产区、通州西集产区、顺义产区及门头沟产区，这 5 个产区的樱桃栽培面积已占到全市樱桃总栽培面积的 70% 左右。

（1）**海淀产区**　该产区是樱桃栽培的最适区和适宜区，主要分布在海淀后山，包括四季青、温泉、苏家坨等地区，樱桃栽培面积有 1.5 万亩。该区樱桃栽培管理水平高、价格高。最主要的问题是面临城市扩张，面积不稳定。

建议今后主要在营销和品牌上再下功夫，进一步提高果园收益；全面打造建立高档观光休闲的樱桃园，努力打造第一、二、三产业融合发展的样板；在保持原有栽培规模的基础上，继续优化调整品种结构，做好早中晚熟品种的合理搭配和优良品种的选育引进工作；做好樱桃示范园建设和高效栽培技术推广工作，继续推进樱桃标准化生产；加大功能扩展力度，将采摘、美食、文化节和休闲娱乐活动有效结合；做好产区的品牌建设和宣传推广力度，进一步提升其市场影响力。

（2）**昌平产区**　该产区主要是樱桃的适生区，主要分布在昌平十三陵镇，还包括马池口镇、小汤山镇和南口镇等地，栽培面积约 1 万亩。昌平还在六环发展过樱桃，主要因管理不善而没有保留下来。该产区主要的问题是栽培管理技术跟不上，缺乏高标准的示范园，今后宜在示范园建设和技术培训上多做工作。

建议加大对樱桃园的生产管理指导，坚持走精品化的发展之路，逐渐淘汰或更新一些低效果园；特别是注意做好幼树保护和早成花技术应用，做好旺树改造和丰产技术示范，为低效果园改造提供样板。同时，引进一些优质樱桃品种，加强绿色标准化生产，结合当地的优势旅游资源，走观光旅游、文化采摘的产业发展路线，充分地开发利用好当地的樱桃资源，更好地提升全市樱桃产业的整体发展水平。

（3）通州产区　该产区基本都适合樱桃栽培，不过通州有不少土壤是过去种植水稻的黏性土壤，碱性也大，这些地区不适合栽培樱桃树。本区樱桃主要分布在通州西集镇和新华街道，还包括张家湾镇和潞城镇等地，面积有1万余亩。该产区有部分樱桃大树结果少，主要是果农没有掌握大树整形修剪的技术，需要加强管理。

建议今后重点建立高标准的示范区，全面提升本产区樱桃管理水平；积极推进樱桃产业向规模化、标准化、都市化、市场化和信息化方向发展，带动全市樱桃产业整体水平的发展，不断提升樱桃产业的综合效益。

（4）顺义产区　该产区主要樱桃园都在最适宜区内，主要有木林镇、龙湾屯镇、南彩镇、张镇和高丽营镇等地，樱桃栽培面积有0.7万亩。顺义地区适合发展樱桃，将来可再发展0.3万～0.5万亩。重点发展高档精品果园，做好宣传和推介工作，提高樱桃收益。

（5）门头沟产区　该产区主要位于樱桃的适宜区，但由于山区温差大，该产区的樱桃品质突出。主要位于门头沟的妙峰山、王坪镇等地，面积约0.2万亩左右。今后应充分利用山区环境优势，大力发展有机樱桃生产，生产高档绿色的樱桃。同时积极扩大樱桃生产面积，打造山区樱桃生产基地，为山区发展，特别是低收入群体增收提供技术支撑。

6.8　柿产区规划及分析

6.8.1　柿对气候环境条件的要求

柿子喜温暖气候，年均温最适为11～20℃，成熟期温度为18～19℃，能忍受短期−20～−18℃的低温，年均降水量最适为450～650毫米（范志远，

1998；李红等，2009）（表 6-11）。在果实成熟期喜干燥和阳光充足，并要求温度适当。柿生长最适宜的土壤为土层较厚、排水良好且能保持相当湿度的壤土，腐殖质适度。

表 6-11　柿主产区生态适宜区划一般指标

生态适宜性	气候因子		土壤因子
	年均温度/℃	年均降水量/毫米	
最适值	＞11～20	＞450～650	pH6～7,壤土或黏土
适宜值	9～11,20～23	＞650	pH5～8,壤土或黏土
次适值	＞23℃	350～450	pH5～8,土质疏松
可适值	＜9℃	＜350	pH4.5～5 或 pH8～8.68

引自《黄土高原渭北地区柿子发展适宜性研究》（李红，2009）。

6.8.2　北京柿区划指标的提取与适宜区的确定

北京总体上比较适合柿生长，根据北京气候条件和柿生产实际来选取区划指标（范志远，1998；田俊等，2006；李红等，2009），并在此基础上确定北京地区的适宜区，相关指标并不适合进行全国柿适宜性评价。我们认为影响北京柿生长和品质优劣的主要生态因子为年平均气温、土层厚度、年降水量和海拔高度。具体指标和评分标准如表 6-12 所示。

表 6-12　北京地区柿区划指标和评分标准

区划指标	范围	评分
年平均气温/℃	＞11	30
	＞9～11	20
	＞7～9	15
	＜6～7	5
	＜6	0
1 月平均气温/℃	＞-7	15
	-8～＜-7	10
	-10～＜-8	5
	＜-10	0
坡度/°	0～6	20
	＞6～14	15
	＞14～22.6	5
	＞22.6	0
海拔高度/米	0～60	5
	＞60～300	15
	＞300～500	10
	＞500	0

区划指标	范围	评分
土层厚度/厘米	>80	15
	>50~80	10
	30~50	5
	<30	0
年降雨量/毫米	>650	15
	>450~650	20
	350~450	15
	<350	0
土壤质地	黏土	10
	壤土	15
	砂壤土	10
	砂土	5

根据分析结果确定综合评价值，依次划分为最适宜、适宜、一般适宜、不适宜和最不适宜5个等级。从图6-7可看出北京地区柿最适宜种植的区域主要是平原地区、浅山和丘陵地区。由于柿适应性强，果品价格较低，所以过去主要在浅山区和河谷盆地等适宜区和一般适宜区发展。

（1）**最适宜产区** 主要包括中东部平原、南部和西南部平原地区，以及平原北部和西部的山前缓地；该产区面积约占全市总面积的一半，但主要分布在城区，主栽农作物和鲜果等，实际栽培柿面积并不大；该产区海拔一般在100米以下，年均气温在10℃以上，无霜期在185天以上，降雨量多数在550~600毫米。

（2）**适宜产区** 主要包括西部、北部浅山地区，东部丘陵浅山地区，密云、怀柔和延庆河谷盆地，门头沟永定河两岸，房山大石河两岸等；该区域多数属于浅山、河谷或丘陵地区，是栽培柿最主要区域。该产区海拔一般在100~300米左右，年均气温8~10℃，1月平均气温大于−6℃，无霜期在180~185天，降雨量在600毫米左右。

（3）**一般适宜区** 位于适宜区西部、北部或东北部的高海拔地区，包括延庆部分高海拔的盆地；主要是海拔200~500米的山区，年均气温多数在6~8℃，降雨量一般为500~600毫米，个别地方受小气候影响，降雨超过650毫米；该区域是柿栽培的主要区域之一，尤其是房山河谷浅山分布很多老柿树。

（4）**不适宜区** 主要是高于600米的山区，年均气温一般不到7℃，该区域栽培柿很少。

（5）**最不适宜区** 主要是高海拔的山区，在北京超过800米的高山地区，年均气温低于6℃就很难栽培柿树。

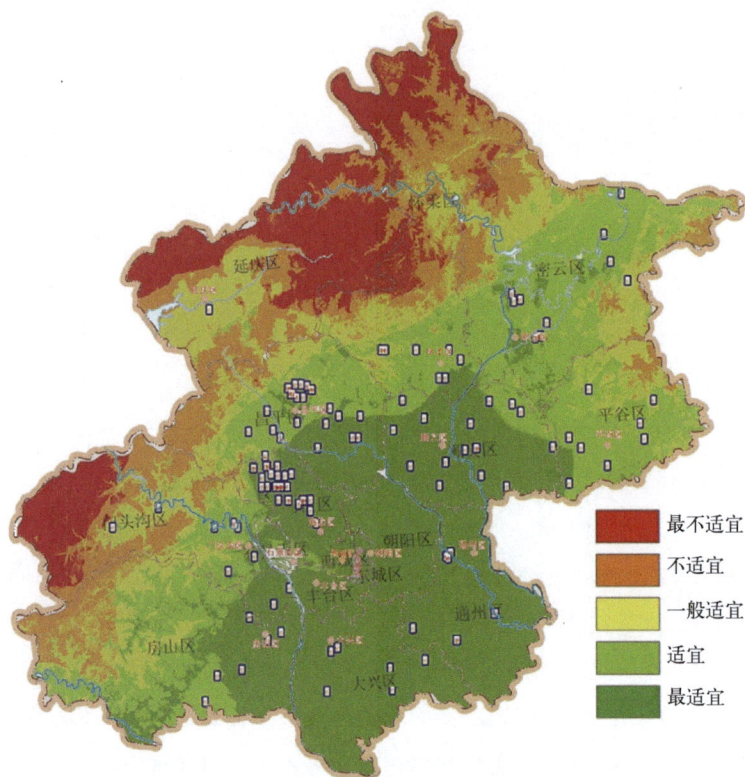

本图参照北京市行政区域界线基础地理底图(全市)。

图 6-7　北京地区柿适宜产区分布

6.8.3　柿产区规划

柿是北京的传统果树树种，目前保留的栽培面积约 13.3 万亩，占全市果树栽培面积的 6.5%。总收入 0.9 亿元，占全部果品收入的 2.1%。由于目前人们对柿果消费存在很多误区，造成柿果实销售困难，价格极低。在山区很多柿树实际上处于放任不管的状态，致使大量的柿树消亡了。今后北京市应加强柿果营销、新产品开发，让广大消费者认识到柿果的营养价值，提供多元化产品供消费者选择，提升产品附加值，进而恢复柿产业发展。从图 5-14 可看出北京地区的柿分布主要集中在 3 个产区：

（1）**京西南柿产区**　该产区主要位于京西南山前暖区包括房山张坊镇、十渡镇、青龙湖镇、佛子庄乡等地，栽培面积达 4 万余亩，占到全市柿栽培总面积的 34％，栽培品种主要为磨盘柿。京西南山前柿产区的磨盘柿被公认为世界上最优良的涩柿品种，且该产区中房山地区的磨盘柿最为突出，在北京所有柿产区中栽培面积最大，多生长在集流区，背风向阳，土壤为富含石灰质的深厚褐土层，持水能力强。房山山前暖区的年均气温为 12.3℃，≥0℃ 的年积温为 4880℃，年日照时数 2300～2600 小时，无霜期 185～200 天，热量分布充足，夏季气温日较差较高，9 月平均温度在 19～20℃，不仅可使光合物质迅速积累，也可使果实自然脱涩、果皮光滑以及果肉无褐斑，有利于提高产量和品质。冬季遭受冻害次数少，程度低，有利于磨盘柿的安全越冬，房山磨盘柿比其他郊区发芽早、采收晚，生育期长，含糖量高，硬度大，贮运性强，表现出该地区所独有的优良品质。其中张坊磨盘柿名气最大，有些果园还有一定的效益。但该产区在发展柿子产业的过程中还存在以下问题：鲜食消费量小，竞争大，价格低，市场扩张力不足；生产与流通成本较高；生产规模小，柿产业化水平低；产业延伸链短，主栽品种单一。

建议做好柿加工产业，通过第二产业发展带动第一产业，不断延伸柿产业链条，开发新产品（如柿酒、柿醋、柿单宁粉等），不断挖掘其潜在的经济价值，做好柿品牌宣传和建设工作，提升品牌价值；在传统销售方式和销售渠道的基础上，创新营销模式，广泛宣传柿果营养价值，通过举办观光采摘活动、旅游文化节活动来提高该产区的竞争力；进行有机化栽培管理，加大有机柿生产基地的建设，加强标准化管理，通过绿色有机的产品优势来争夺市场；可以引进一些优质的甜柿品种（如新次朗、禅寺丸、阳丰等品种），优化品种结构，打破其品种单一化的发展局限。

（2）京东柿产区　该产区主要位于京东的浅山丘陵地带，基本处于柿的最适宜和适宜分布区，柿栽培面积达 5 万余亩，占到全市柿总面积的 38％。存在的主要问题也是因价格低，果农放弃管理，柿栽培面积日益萎缩。

建议首先应提升生产管理水平，逐渐淘汰或更新一些低效柿果园，引进优质柿品种，发展适应多层次消费需求优新品种，不断加强果园的标准化建设。其次不断创新销售方式和渠道，利用信息化大数据打开市场销路，提高果品价格；努力开发新的加工品种，应尽可能地发展观光旅游、文化采摘，开发山区果园休闲、康养产业等，充分开发利用好该产区的柿子和环境资源，帮助产区的果农增产增收；利用好大数据等信息化新技术，开辟流通新模式，从而降低流通成本；坚持走集约化道路，稳定种植规模，形成规模化的经营模式，逐步改变以往一家一户经营的模式，降低生产成本，实现利润的最大化。

（3）京北浅山柿产区　　主要分布在昌平长陵镇、十三陵镇、流村镇，总面积 2 万余亩。该产区也基本处于柿的最适宜和适宜分布区，存在问题和上述两个产区相似。

6.9　板栗产区规划及分析

6.9.1　板栗对气候环境条件的要求

板栗对气温、降水的适应范围较大（黄寿波等，1998）。北方板栗的最适年均温为 8～12℃，生长期（4～10 月）的平均气温为 18～20℃，冬季最低气温高于－24℃，最高气温不高于 40℃，年降水量为 400～800 毫米。板栗为阳性树种，对光照条件要求高，年日照时数为 2000～2800 小时。板栗对土壤质地的选择性强，性喜通气性、透水性好的土壤，适宜在土层深厚的砂壤土种植，对土壤肥力要求高，最适的土壤 pH 为 5.5～6.5（表 6-13；陈杰忠，2003）。

表 6-13　板栗生态适宜区划指标（北方地区）

生态适宜性条件	气候因子					土壤因子
	年平均温/℃	4～10 月平均温/℃	极端低温/℃	1 月平均温/℃	年降水量（毫米）	土壤种类要求不严（砂质土适宜），最适 pH5.5～6.5，含盐量＜0.2%
适宜值	8～12	18～20	－24	－7	400～800	

引自《果树栽培学各论》（陈杰忠，2003）。

6.9.2　北京板栗区划指标的提取与适宜区的确定

板栗对气候条件的适应性较广，但对土壤的要求比较严格，北京以碱性土壤为主，大部分地区并不太适合板栗生长，根据北京气候条件和板栗生产实际来选取区划指标（王建源等，2003；郭文利等，2004；温丹，2007；韩蓓蓓，2010），并在此基础上确定北京地区的适宜栽培区。我们认为影响北京板栗生长和品质优劣的主要生态因子为土壤酸碱度（权重最大）、年平均气温、土层厚度、年降水量和海拔高度。具体指标和评分标准如表 6-14 所示。

根据分析结果确定综合评价值，依次划分为最适宜、适宜、一般适宜、不适宜和最不适宜 5 个等级。从图 6-8 可看出北京地区板栗适宜栽培区域较小，最适宜栽培的区域主要是怀柔南北沟和密云水库周边，因为该区域土壤偏酸性，适宜板栗生长。

表6-14 北京地区板栗栽培区划指标和评分标准

区划指标	范围	评分
年平均气温/℃	>10	30
	>8~10	25
	>7~8	15
	6~7	5
	<6	0
1月平均气温/℃	>−7	15
	−8~<−7	10
	−10~<−8	5
	<−10	0
坡度/°	0~6	20
	>6~14	15
	>14~22.6	5
	>22.6	0
海拔高度/米	0~60	5
	>60~300	15
	>300~500	10
	>500	0
土层厚度/厘米	>80	15
	>50~80	10
	30~50	5
	<30	0
年降雨量/毫米	>700	20
	>600~700	15
	500~600	15
	<500	10
土壤质地	黏土	5
	壤土	15
	砂壤土	10
	砂土	5
土壤酸碱度	酸性	65
	中酸	50
	偏酸	30
	中性	15
	碱性	0

6.9.3 板栗产区规划

目前北京市的板栗总栽培面积已达到60余万亩，占全市果树总栽培面积的30%，是面积最大的果树树种。其中怀柔南北沟板栗产区和密云水库板栗

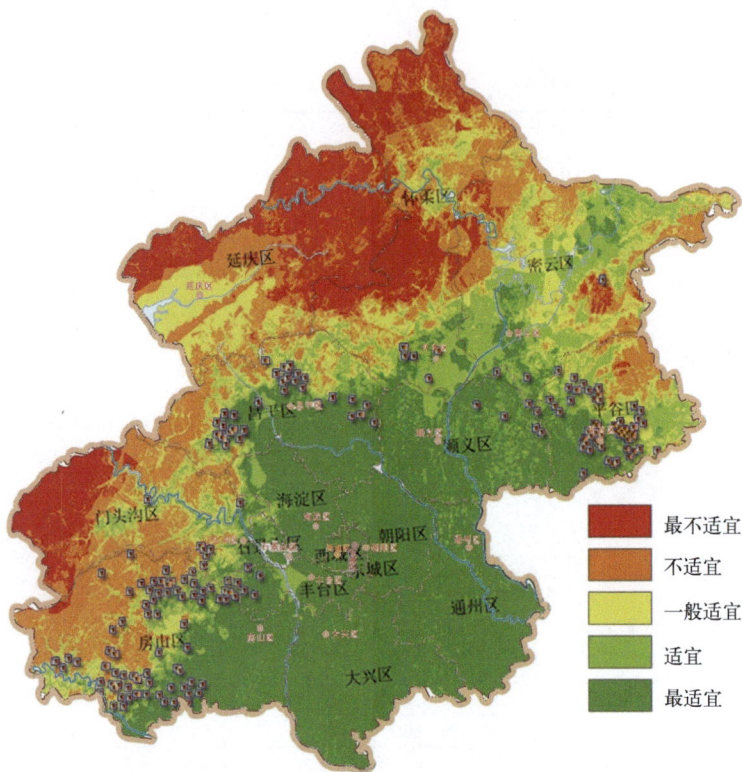

最不适宜
不适宜
一般适宜
适宜
最适宜

本图参照北京市行政区域界线基础地理底图(全市)。

图 6-8　北京地区板栗适宜产区分布

产区的板栗面积约占全市板栗总栽培面积的 84％。怀柔南北沟和密云水库板栗产区主要位于燕山山脉一带，该地土质为花岗岩、片麻岩等风化形成的微酸性土壤，土壤 pH 6～6.8，非常适合板栗的生长需要，而且这种土壤含有大量的硅酸，可促使栗果内果皮蜡质含量增加，炒熟后内果皮易剥落，已成为全市优质板栗的主要产区。北京市板栗生产中主要问题是规模化水平低、加工能力弱、效益低，亩收入只有 320 元左右。由于收益低，多数板栗并没有进行有效管理，有不少果农已然放弃，另谋他路。解决这个问题最根本的出路在于通过加工来带动当地板栗产业发展。在这方面政府需要主动引导，有所作为。未来板栗发展主要是稳定面积，大力发展加工产业，康养休闲产业，努力提高果农收入。

　　怀柔南北沟板栗产区和密云水库板栗产区　作为全市板栗生产的两个主产

区，应坚持走集约化、产业化道路。通过引进大型龙头企业来全面带动板栗产业发展，提高栗农收入，注重开发新的产品和新的销售渠道。首先做好总体布局，避免恶性竞争和企业压价；引进龙头企业，为企业提供土地、融资等便利；并开发受市场欢迎的产品，尽快帮助企业打开销路；加大相关协会或经济合作组织的建设力度，发展规模经济，降低生产成本，做深做大做强板栗的整条产业链，不断提高产品的附加值；加强板栗生产栽培科技培训、加强标准化生产的推广力度，提高农民科技素质、技术能力和管理能力，进一步提高板栗的产量和品质；加强板栗有机化生产基地的建设，为消费者提供更多无公害绿色有机的板栗产品；以市场为导向，继续优化调整板栗品种结构，加快老旧低效树种的更新换代；加强对良种繁育工作的投资力度，不断开发适合市场需求的新品种，做好对特色板栗品种的保护工作；继续加大产区板栗果品的品牌建设和扶持力度，提升果品的品牌价值，注重挖掘产品的文化内涵，通过举办文化节、采摘观光等活动来提高产区产品的影响力；重视开拓国内外市场，实现北京板栗的营销国际化和市场多元化。该产区是北京市生态环境条件最好的地区，可以学习和借鉴体验养生的理念和模式，建设一批具备游憩、度假、疗养、保健、养老、教育等功能的板栗园体验基地和养生基地，同时推进精准扶贫和助农增收，采用"互联网＋"做大做强体验和康养产业，推进产业的信息化、智慧化程度，也可通过 PPP 等投融资方式参与康养基地建设。

对于其他生产水平相对较低的板栗产区，应不断优化调整板栗品种结构，培育适宜本地区的板栗品种，避免盲目引种。加大对低效果园的改造力度，提高果园的生产水平，把提高板栗的产量和质量作为当前的重点工作。在此基础上，通过借鉴怀柔和密云地区板栗产业的发展经验进一步促进这些产区的板栗产业发展，从而提升北京市板栗产业的整体发展水平，帮助更多果农增产增收。

6.10　北京市果树整体发展建议

北京市城区快速扩张、果园日益减少和果品价格低迷的现状，决定了果树产业发展只能走内涵式发展道路。注重质量和效益，不追求面积和数量扩张。围绕"两带""十区""六协同"的总体建设目标，全面提升北京市果树生产水平。在发展过程中必须以提升果树现代化水平为主线，以提高果农收入为根本目的；坚持政府主导、企业运作；通过创新模式，加大投入和加强管理来快速改变北京果树产业发展落后的局面；通过提升山区果业发展，助力低收入群体增收致富。

6.10.1　优化产业布局

未来几年北京市果树总体布局是：东部和南部平原果园面积将不可避免地递减；远郊平原、山前缓地和浅山等环城果树带需稳定面积；山区、河谷、盆地果树面积应大力发展。在品种选择上注重早中晚搭配，名优和传统品种注意引进传承。通过土地流转、加入合作社、龙头企业带动等方式提高北京市果树规模化水平，在此基础上广泛应用现代化机械、信息化管理等技术为全市果树现代化提供样板。平原果园，特别是承接高耗水作物新建的果园应积极发展以规模化生产、密植化栽培、机械化应用为特征的现代化果园；山前暖带、浅山区老果园应注重多种经营、提质增效、省力栽培，全面提高效益；山区、河谷和盆地果园应注重发展一些传统品种，积极建立高档观光休闲果园和葡萄酒庄（马俊哲，2015）。

6.10.2　创新模式，三产融合发展

未来一段时间内以家庭为主的小户经营仍是北京市果树生产的主体，可通过加强观光采摘、建立市民果园、发展休闲旅游和康养等多样化经营来提高收入（张龙等，2018）。由于单靠卖果实提高收入难以为继，将来必须进行第一、二、三产融合发展。通过果品加工来提高附加值，引进一些中小型设备，开发一系列适合果园的果汁、果酒、制干等产品，政府扶植一些样板来进行带动。当前制约三产的最大因素就是果园内休闲建设用地审批特别困难，这需要政府给予专门指标，开辟绿色审批通道，对于观光果园，特别是山区建立的观光休闲果园给予特别照顾。第一、二、三产融合发展不仅能有效增加果农收入，也能有力地服务首都新的战略定位。

6.10.3　引导成立专业化的服务公司

通过公司为果农提供肥料、修剪、打药、销售等专业化服务，尽快提升效率和果园现代化。当前北京市合作社多数都是松散型结构，没能向果农提供有效的服务，这方面需要积极引导（李建黎，2007；张龙等，2017）。

6.10.4　千方百计降低劳动力投入

当前北京市劳动力成本已占果树生产成本的一半以上，降低劳动成本是提高收入最快、最直接的方式，主要通过水肥一体、无袋栽培、绿色植保、简化修剪、果园机械等技术的应用来实现降低成本。

6.10.5　全面提高果品安全性

通过提高果品品质特别是安全品质可以有效吸引高档消费群体，提高果品价格。北京市大力推广了有机果品栽培技术，但在配套物资供应、生产技术落地和监管方面还存在很多不足之处。应该在各主产区建立有机、绿色生产的高标准示范园，在此基础上完善相关配套技术和物资供应，进而推广应用，全面提高果实的安全品质。

6.10.6　创新"互联网＋果品/果园"模式

充分利用首都高档消费群体，智能化网络平台和便利的快递流通，建立一系列新型的营销模式，以期提高果品价格，增加果农收入。加强果树产业大数据应用，加强北京重点果品市场监测与大数据分析，绘制果品产业资源地图，完善电子商务基础环境，加强果树主产区通信网络及基础设施建设，着重建设果业电子商务服务体系、物流配送体系、果品认证和质量追溯体系以及果业电子商务标准体系。推进信息平台开放共享，促进大数据、云计算、物联网、移动互联网等新一代信息技术在果树产业上的应用。

6.10.7　引进社会资本，扩大融资渠道

在果树产业发展基金的引导下积极吸引社会资本投入，通过资本运作促进产业升级。特别是将物联网、电子商务和果品生产相融合，大力推进以在线理财、支付、电商小贷、众筹等为代表的互联网金融模式衔接，拓宽融资渠道，降低融资成本（何临等，2017）。促进果树企业与用户远程操控、数据自动采集分析等平台衔接，提高产业智能化水平，打造首都果树产业新模式，实现由传统生产向高端化生产的转变。

6.10.8　统筹培训，建立长期定点培训机制

目前北京市对农民的培训力度很大，园林绿化局、农业农村局、教委、妇联、残联等都有相关的培训。这些培训多以立项开始，以完成项目来结束，而果树生产周期长，不同地方、不同时期果农问题不一，短期的培训难以解决这些问题。在果树培训上应统筹相关机构，围绕当地主导产业进行长期定点培训指导，并建立相应考评机制（朱启酒等，2013）。

6.10.9　加大山区果业发展，助力低收入群体增收

北京市共有低收入村 234 个，其中有果树的低收入村有 192 个。多数低收入村都把果树当作主导产业，这些村的果树面积共计 19.5 万亩。低收入村果树以干果为主，其中板栗 6.1 万亩，仁用杏 3.8 万亩，核桃 3.3 万亩，枣 1.3 万亩；水果主要有鲜杏 1.4 万亩，苹果 0.98 万亩，柿 0.94 万亩，梨 0.91 万亩。北京市的低收入村绝大部分位于山区，具有发展果树的基础和生态条件，但是果树产业发展普遍落后，大部分没有收益，靠各种补贴和政策维持。根据各低收入村的实际情况，制订有针对性的果业发展规划和精准帮扶，可以实现山区农民快速增收。另外，结合山区优美的环境条件，在果园发展观光采摘、旅游休闲、康养文化等第三产业，可以帮助这些低收入群体实现长期致富。

7 北京市酿酒葡萄产区分布与规划

7.1　酿酒葡萄

酿酒葡萄，又名欧亚葡萄或欧洲葡萄，属葡萄科植物，它是指以酿造葡萄酒为主要生产目的的葡萄品种。酿酒葡萄属于攀缘植物，可以高达 35 米，有片状的树皮；卵圆形叶子互生，3～5 裂，长及宽 5～20 厘米，叶背光滑或微有茸毛；圆锥花序；果实是浆果，圆形或椭圆形；果皮和果肉不易分离。酿酒葡萄可分为两个亚种：野生亚种即野生葡萄，栽培亚种即培植种。

野生亚种属葡萄科落叶藤本植物，为多年生攀缘果树。它是雌雄异株，需要人工授粉才可结果。其葡萄藤可长达 15 米以上，树皮暗褐色或红褐色，藤攀缘在其他树木上。野葡萄树卷须顶端与叶对生，单叶互生、深绿色、宽卵形，秋季叶常变红。果实直径一般只长达 6 毫米，一般呈深紫色至黑色。野生亚种普遍穗粒均小，味甘酸，微涩，产量较低，但其抗病、抗寒、抗湿力较强，是优良的抗寒砧木，多生长在山坡或灌丛中，在野生环境中具有很强的生长能力。

栽培亚种是由野生亚种驯化而来的，它驯化的是两性花，可自行繁殖以致开花结果，一般生长在潮湿森林及河边。栽培亚种的葡萄果粒可长达 3 厘米，颜色也各异，有绿色、红色和紫色，果皮较野生种更厚，果肉较少，但果汁很多，并且颗粒相对较大。由于酿酒葡萄是用来酿酒的，所以在栽培过程中，对其糖分和酸度的要求比较高，但野生亚种只能依靠自然条件的眷顾，因此，在栽培亚种的驯化过程中，则针对这个问题对其能诱使酸度和含糖量改变的条件加以调控。经驯化后，果实的色泽更加鲜艳诱人，果穗更加硕大，含糖量和酸度更高，产量也有所增加。

7.2　国内外酿酒葡萄发展概况

7.2.1　国外发展简史

酿酒葡萄大约出现于 1 亿 3000 万年前，而考古学证明它与人类的关系可追溯至新石器时代即公元前 7000 年。早期，葡萄一般只是由觅食者采摘为果腹用，至于葡萄酒的酿造，多数史学家认为它起源于公元前 6000 年古代的波斯（即现在的伊朗），在伊朗西北部哈吉-菲拉斯-泰伯遗址里出土的葡萄酒罐也证明了这一点。考古学家对罐内残留物进行了分析，证据表明其中确实存放过葡萄酒。通过红外线吸收光谱，人们发现了酒石酸。酒石酸是葡萄内的主要酸性成分，天然情况下只在葡萄酒中存在。由此证明新石器时代已经开始有酿酒技术出现。

酿酒葡萄的驯化始于公元前 3500～3000 年的西南亚洲、南高加索或黑海西岸地区。在古代埃及的壁画中，描绘了大量关于葡萄采摘及葡萄酒酿造过程的图案。但古埃及象形文字记载葡萄酒是留给法老、祭师及国务要员的。后来一些航海家将其栽植和酿造技术从尼罗河三角洲（即古埃及文明的发源地）带到希腊，由此希腊成为了欧洲最早开始种植葡萄及酿酒的国家。在公元前 6 世纪，希腊人通过马赛港将其栽植和酿造技术传入了法国和罗马。文艺复兴时期，随着城市及市镇的人口聚集，和艺术家及商人购买力的增加，使法国的此行业再次得以发展。17～18 世纪欧洲的葡萄酒文化随着其殖民地的开拓被带到世界各地。尤其是现在以美国、澳大利亚为首的国家，虽然它所倡导的理念和欧洲保守传统的理念完全不同，但它采用新技术开创了葡萄酒世界的新潮流。

如今，在国外，酿酒葡萄的栽植及酒酿技术的区划分为以欧洲传统葡萄酒生产国（包括法国、意大利、德国和西班牙等国家）为主的旧世界，和以欧洲之外的新兴葡萄酒生产国（包括美国、澳大利亚、新西兰、智利等国家）为主的新世界。

7.2.2　中国发展简史

据考证在汉代（公元前 206 年）我国便开始种植酿酒葡萄并酿酒了，首次文书记载是出现在司马迁的《史记》中。我国如今所栽培的欧亚种酿酒葡萄的引种始于西汉张骞出使西域。虽然引进的时期很早，但长期以来由于中国特有的历史条件、食物结构和饮酒习惯，我国葡萄酒产业的发展一直比较缓慢。

直到 1892 年，爱国侨领张弼士在烟台创办了"张裕酿酒公司"，中国葡萄酒工业化的序幕才由此拉开。1996 年，法兰西悖论的发表引起了世界干红热潮，而中国也开始大量引进优质红葡萄品种。引进的红葡萄品种中 70％以上都是赤霞珠，10％左右为梅鹿辄，还有少量的黑比诺、霞多丽和西拉等。20 世纪 50 年代，又从东欧和苏联引进了黑海品种群品种，70 年代后，我国又引进世界上大量的名种酿酒葡萄苗木，并扩大了酿酒葡萄的专用种植面积，那时酿酒葡萄的栽培才在中国得以真正的发展。

7.2.3　北京发展简史

北京地区是我国优质葡萄的产区之一，栽培历史悠久，但在酿酒葡萄的栽植及酿造方面起步较晚。北京的葡萄酒历史只有百年而已，20世纪初，为了供给教会弥撒时所需的葡萄酒，法国修士沈蕴璞在北京阜外马尾沟13号法国圣母天主教堂建立了教堂酒坊。20世纪中期，经受战争的摧残后全国仅剩了六家葡萄酒厂，其中包括北京龙徽葡萄酒博物馆的前身——北京上义洋酒厂（当时北京地区唯一的一家）。20世纪50年代的"一五"计划期间，我国将葡萄酒的发展提上了日程。1955年，北京夜光杯葡萄酒厂建成，成为1949年以来第一家大型现代化葡萄酒厂。该厂生产的由周恩来总理命名的"中国红"多用来招待外宾，1959年正式改名为葡萄酒厂，并紧接着开发出了"中国红葡萄酒""御莲白酒"和"桂花陈酒"等深受广大国民群众喜欢的产品，其中的"桂花陈酒"至今还畅销国外。

北京是中国的首都，是政治、经济和文化的交流中心，具有消费导向的作用。北京葡萄酒市场容量为4800万升左右，葡萄酒消费量正以每年22%左右的速度增长，北京目前已经成为全国葡萄酒消费最大的城市之一，全国各地著名品牌的葡萄酒都到北京争夺市场。2002年11月14日，国家经贸委公布了《中国葡萄酿酒技术规范》，并于2003年正式实行。因此在2003年以后，北京葡萄酒行业便如井喷式急速发展起来。

随着红酒事业的发展，如今北京已逐渐发展成为以房山、延庆、密云等地为主的酿酒葡萄主要产区。2010年8月，中国成功取得了"第十一届世界葡萄大会"的申办权，于2014年7月28日至8月8日在北京延庆举行，2016年在房山区又成功举办了"一带一路"国际葡萄酒大赛。

7.3　我国酿酒葡萄产区分布

在中国北纬45°~25°广阔的地域里，分布着各具特色的葡萄、葡萄酒产地，但由于葡萄生长需要特定的生态环境和地区经济发达程度的差异，这些产地的规模较小，较分散，多数在中国东部和西北部。主要酿酒葡萄产地分布如下。

（1）**胶东半岛产区** 包括山东半岛北部丘陵和大泽山。这里三面环海，气候温和，年平均气温 12.0～12.6℃，年降水量在 676.4 毫米左右。这里的霞多丽、贵人香、赤霞珠、品丽珠、蛇龙珠、梅鹿辄、佳利酿、白玉霓等葡萄，都在国内负有盛名。这有很多著名的葡萄厂家，如烟台张裕集团有限公司、烟台威龙葡萄酒股份有限公司、烟台中粮葡萄酿酒有限公司、华东葡萄酿酒有限公司、青岛葡萄酿酒有限公司、萨拉莫世家葡萄酒（青岛）有限公司等。

（2）**昌黎产区** 昌黎位于河北省东北部。属东部季风区暖温带，日照、降雨量、昼夜温差、无霜期等都与法国的葡萄酒产地波尔多极为相近。年有效积温在 3940℃ 以上，降水量 725 毫米，年日照时数 2600 至 2800 小时，昼夜平均温差在 12℃。土壤为砾石和砂质地，葡萄的含糖量高，挂果时间长，采收期较迟，适宜赤霞珠、梅鹿辄等酿酒葡萄的栽培。主要的酿酒公司有：中粮华夏长城葡萄酒有限公司、朗格斯酒庄（秦皇岛）有限公司、贵州茅台酒厂（集团）昌黎葡萄酒业有限公司。

（3）**沙城产区** 包括宣化，涿鹿，怀来。这里地处长城以北，光照充足，热量适中。昼夜温差大，夏季凉爽，气候干燥，雨量偏少，年活动积温 3532℃，年降水量 413 毫米，多丘陵山地，十分适于葡萄的生长。龙眼和牛奶葡萄是这里的特产，近年来已推广赤霞珠、梅鹿辄等世界酿酒名种。重要的葡萄酒企业有：中国长城葡萄酒有限公司、河北马丁葡萄酿酒有限公司、怀来容辰庄园葡萄酒有限公司、张家口华龙葡萄酒有限公司等。

（4）**天津产区** 天津的葡萄基地分布在天津蓟县、汉沽等地，为渤海湾半湿润区，最暖月平均气温 25～26℃。这里的土质为稍黏重的滨海盐碱土壤，其矿质营养丰富，有利于香气形成和色泽形成。目前天津栽植的葡萄品种多为赤霞珠、梅鹿辄、品丽珠、贵人香、霞多丽、白玉霓、玫瑰香等酿造红、白干酒的名种。酿酒公司有：中法合营王朝葡萄酿酒有限公司、天津施格兰有限公司和天津大唐开元酒业有限公司。

（5）**新疆产区** 新疆夏季高温、干旱无雨，全年降水量仅有 16.4 毫米，是我国无核白葡萄生产和制干基地。该产区的葡萄酒糖度高，但酸度低，香味不足，干酒品质欠佳，不过生产的甜葡萄酒具有西域特色，品质尚好。著名的酿酒公司有：新天国际葡萄酒业有限公司、新疆西域酒业有限公司和新疆楼兰酒业有限公司等。

（6）**宁夏产区**　包括沿贺兰山东麓广阔的冲积平原，这里天气干旱，昼夜温差大，年降水量180～200毫米，土壤为砂壤土。这里是西北新开发的最大酿酒葡萄基地，主栽世界酿酒品种赤霞珠、梅鹿辄。较大的酿酒企业有：宁夏恒生西夏王酒业有限公司、广夏（银川）贺兰山葡萄酿酒有限公司和宁夏御马葡萄酒有限公司等。

（7）**甘肃产区**　包括武威、民勤、古浪和张掖等位于腾格里大沙漠边缘的县市，也是中国丝绸之路上的一个新兴葡萄酒产地。这里气候冷凉干燥，年降水量110毫米，由于热量不足，冬季寒冷，适于早中熟葡萄品种的生长，近年来已发展梅鹿辄、黑品诺、夏多丽等品种。主要的葡萄酒公司有：甘肃莫高实业发展股份有限公司、甘肃苏武庄园葡萄酒业有限公司、甘肃凉州皇台酒业有限公司等。

（8）**东北产区**　包括北纬45°以南的长白山麓和东北平原。这里冬季严寒，温度－40～－30℃。在冬季寒冷条件下，野生的山葡萄因抗寒力极强，已成为这里栽培的主要品种，主要用于酿酒。主要的葡萄酒公司有：通化葡萄酒股份有限公司、通化通天酒业有限公司、通化圣大葡萄酒股份有限公司、通化市香雪兰山葡萄酒有限责任公司、吉林天池葡萄酒有限公司。

（9）**黄河故道产区**　包括黄河故道的安徽萧县，河南兰考、民权等县，这里气候偏热，年活动积温4000～5900℃。年降水量800毫米以上，并集中在夏季，葡萄旺长，病害严重，品质降低。主要的葡萄酒公司有：民权五丰葡萄酒有限公司、三九企业集团兰考葡萄酒业有限公司、兰考路易葡萄酿酒有限公司、安徽古井双喜葡萄酒有限责任公司等。

（10）**云南产区**　包括云南高原海拔1500米的弥勒、东川、永仁和川滇交界处金沙江畔的攀枝花。这里的气候特点是光照充足，热量丰富，降水适时。利用旱季这一独特小气候的自然优势栽培欧亚种葡萄已成为西南葡萄栽培的一大特色。较大的葡萄酒公司有：云南红酒业有限公司、云南香格里拉酒业股份有限公司、云南神泉葡萄酒销售有限公司等。

7.4　北京发展酿酒葡萄生态适应性分析

北京气候的主要特点是四季分明。其冬季最长，夏季次之，春秋短促。风向有明显的季节变化，冬季盛行西北风，夏季盛行东南风。世界上最适宜种植葡萄的区域在北纬40°，被称作"酿酒葡萄黄金线"，是世界上高端酒庄的主要集聚地，如法国的波尔多、意大利的皮蒙等。北京的山地、浅山丘陵、平原各占1/3，地势西北高、东南低。浅山地区地块面积较小，平均坡度较大；丘陵、平原地区地势较为平坦，地块面积较大，平均坡度较小。这种地形更有利于提高酿酒葡萄的品质。其中房山区的山前暖带，昼夜温差大，升温快，阳光照射充足，特别适宜高品质葡萄酒的生产；延庆的河谷地区，密云的河谷和山前暖带也具有相似的气候条件。

北京春季气温回升虽快，但冷暖空气活动频繁，昼夜温差较大，气候干燥，大多植被在春天长势还未枝繁叶茂，固土固沙的能力相对较弱，因此易发生风沙天气；夏季，酷暑炎热，空气沉闷，降雨集中，但降雨量年际分布不均匀，旱、涝是北京地区常发生的自然灾害；秋季，光照充足，秋高气爽，冷暖宜人，是适合人们出行旅游的好时节；冬季，干燥少水，虽然冷风刺骨，但比其他同纬度地区温暖，无霜期为180～200天。

北京地区土壤因素复杂，土壤类型丰富多样，适宜酿酒葡萄栽植的区域多但分散。

世界上最适合酿酒葡萄生长的土壤有黏土、淤泥和沙土、壤土、白垩土、砂砾、花岗岩或片岩、石灰岩和火山岩土壤。北京的密云区和房山区都有火山岩，这种土壤是由玄武岩和其他岩石混合而成，常含有较高的矿物成分，因此保水能力较差，但很适合栽种酿制浓郁葡萄酒的原料；延庆区和密云区有大量的花岗岩，用花岗岩构成的土壤通常质地疏松，较为贫瘠，但排水性较好，法国的北罗讷河谷、葡萄牙的斗罗河以及法国的博若莱产区都属于此类土壤，最适合栽植花香浓郁的果味葡萄；门头沟与昌平交界的石灰岩中山地区雨量丰富，土地贫瘠且有着含微酸性的石灰岩，以石灰岩为基岩的土壤通常含钙量很高，能出产较高品质的霞多丽。

以中国气象局气象信息中心资料室提供的北京多个气象站点连续30年（1985～2015）气象数据为材料，通过对北京气候特点的研究和各气候区划指标体系的分析，建立了适合北京气候特点的酿酒葡萄气候区划指标体系，并利用该体系进行了酿酒葡萄气候区划，最终将其划分为3个栽培区。这三个地区分别为：①优质酿酒葡萄产区（图7-1）——延庆河谷盆地、房山和昌平山前暖带、密云山前和丘陵。②适宜酿酒葡萄产区——怀柔、顺义和平谷浅山区。③一般酿酒葡萄产区——其他能栽培酿酒葡萄的地区，主要是顺义、房山、大兴、通州等区的平原地带。

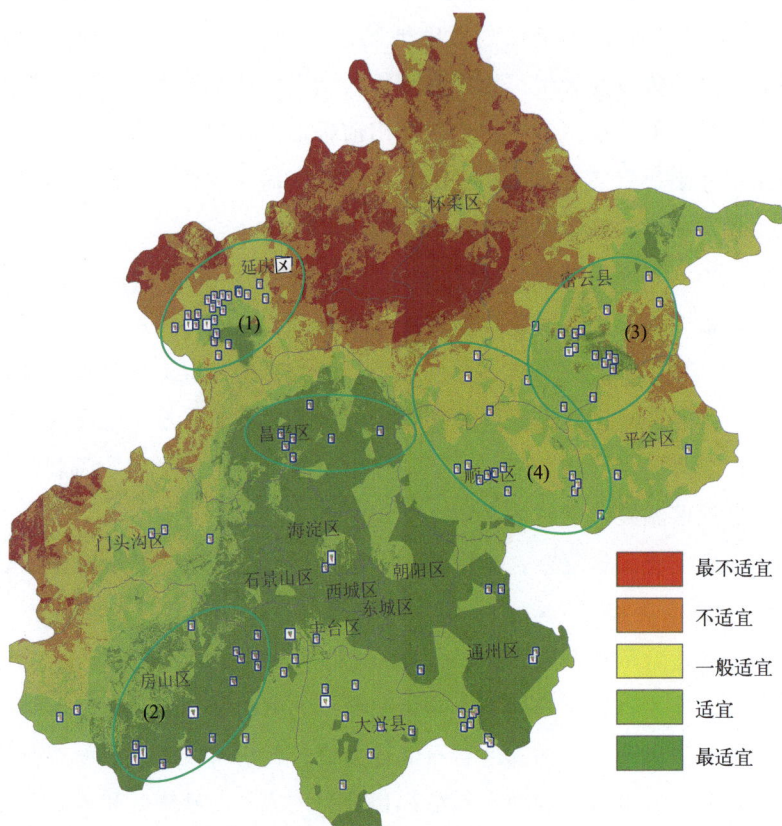

图 7-1　北京地区葡萄适宜区和葡萄分布图

注：（1）延庆河谷盆地；（2）房山和昌平山前暖带；（3）密云山前和丘陵；（4）怀柔、顺义和平谷浅山区。

　　酿酒葡萄一般在北半球的成熟时间为 4～9 月份，因此将 4～9 月份的有效积温作为北京各地区品种的区划指标。根据有效积温，可将北京地区划分为中温区、暖温区和暖热区，再结合无霜期、湿润度、7～9 月降雨量和土壤情况，可将北京地区区划并选取适宜的栽植品种。

　　中温区：汤河口、延庆、密云上甸子，理论上以品丽珠、意斯林品种更为适宜。

　　暖温区：顺义、海淀、密云、朝阳、昌平、房山等地，适合栽种玫瑰香品种。

　　暖热区：丰台，适合栽种多种晚熟期葡萄品种，其中黑比诺、赤霞珠最好。

7.5 北京地区酿酒葡萄主要品种

赤霞珠是中国引进最多的品种,在19世纪末,占总引进品种的70%以上。原产自法国波尔多,是全世界最受欢迎的黑色酿酒葡萄。如今,赤霞珠不仅是北京张裕爱斐堡酒庄里主要的栽植品种,在波龙堡酒庄里的栽植面积也已经达70%以上。赤霞珠的生长力顽强,适合多种不同气候,已于各地普遍种植。相关专家利用DNA检测得知赤霞珠是由品丽珠和长相思两个品种自然杂交而得来的。赤霞珠属于晚熟品种,因此它的发芽期较晚,春寒霜冻都不使它发生生理病害。赤霞珠的果穗小,圆锥形,皮厚,平均粒重1.9克,圆形,紫黑色,含酸量0.56%。它的典型香气有黑醋栗、柏木、薄荷、巧克力和烟草味。赤霞珠所酿的酒味道厚重,适宜搭配油腻的食物。赤霞珠喜欢阳光充足、温和的气候,它的成熟如同它所酿造的红酒一般,慢慢悠悠,但却意味深长,每一次品尝都能给你不同的惊喜。

在酿酒葡萄的王国里,若赤霞珠是国王,那么梅鹿辄便是皇后了,它在北京地区多数酒庄里的栽植面积仅次于赤霞珠。梅鹿辄原产于法国波尔多产区,属早熟品种,产量大,果粒小,皮薄,乌蓝色。在采摘时,不宜过晚,否则它的酸度会降低。它所含的单宁要比赤霞珠低,虽然酿造出的酒乙醇含量高,但夹带着一丝果甜味,就像李子和香料的味道,其酒味醇厚,丰厚甘美,萦绕着王后该有的雍容华贵,高贵大度的气质。

霞多丽原产自勃艮第,属于早熟品种,同赤霞珠一样,适应环境的能力很强,易栽培,且产量高,抗寒性强。北京各大葡萄酒庄里的葡萄种植园中,种植最多的白色酿酒品种种类就是霞多丽。霞多丽的果穗小,皮薄易碎且极易被氧化,平均重225克,圆柱圆锥形,有副穗,果粒着生较紧密,平均粒重2.1~2.5克,圆形,绿黄色,汁多,可溶性固形物含量14.8%~19%。虽说霞多丽易栽植,但同梅鹿辄一样,要把握好采摘的时间,因为在成熟晚期,它的酸度容易消失。霞多丽常用于制造白干酒和气泡酒。由它酿成的酒,呈澄清透明的淡黄色,具悦人的果香,有独特的风味。

雷司令原产于德国,它是德国最优质的酿酒葡萄之一,被认为是最精致的白葡萄,若说霞多丽是白葡萄之王,那么雷司令便是白色品种的王后了。虽然，它在北京的栽植历史很短，但多数酒庄都为它预留了一片专属之地，在北京的餐厅，总会有几种雷司令被用来佐餐。雷司令的葡萄藤质地坚硬，抗寒力强，是寒冷种植区的优选品种。相对于其他品种而言，雷司令的果实小巧玲珑，但这不影响它对酸性物质和风味物质的积聚。雷司令中天然酒石酸的含量比其他品种更加丰富，虽然由它酿造出的葡萄酒的酒精含量偏低，但天然酒石酸的含量很好地平衡了其中过多的糖分。雷司令所酿的酒弥漫着蜂蜜、矿物质和各种花香，适宜做甜点，适宜搭配各种食物。

7.6　北京地区酿酒葡萄的主要产区分布

世界上最适宜种植葡萄的区域在北纬 38°～53°之间，被称作"酿酒葡萄黄金线"，北京地区则正好位于北纬 39°26′～41°03 之间，处在最适酿酒葡萄分布区，房山、延庆、密云、大兴、通州等区的葡萄酒产业都已蓬勃发展，目前北京地区酿酒葡萄栽培面积近 2 万亩。

7.6.1　西南山前缓地葡萄产区

该产区主要位于房山区，地处北纬 39°30′～39°55′，地处北京西南，属太行山山脉，拥有首都最大的山前暖区，地理环境优势明显，被法国专家誉为"世界上最适合种植酒庄葡萄的地方"。全区有 5 万亩土地处于北纬 40°酿酒葡萄种植黄金线，适合种植酿酒葡萄。房山区政府借此依托自然条件，以"一樽一盏一心海，一房一山一世界"为主题，以青龙湖镇为核心起步区，进而带动周围近 10 个浅山区乡镇发展高端国际葡萄酒庄产业，如今全区 12 个镇已形成了 60 个酒庄为一体的集成酒庄群。其中青龙湖镇和张房镇面积最大。

房山区最有名的波龙堡酒庄，是一个由中外合资，拥有属于自己的种植园，集种植、生产和销售为一体的公司。为了减少和防止农药、化学药剂的残留和环境污染对人体的危害，提高葡萄酒的安全系数，波龙堡酒庄酿酒葡萄的栽植和酿制统统采用有机方式，并且全部土地都实现了节水灌溉，出产的葡萄完全符合法国的"生物产品"标准。在香港举行的 2013 年亚洲葡萄酒大赛上，房山区国家级酿酒葡萄栽培标准化示范区——波龙堡酒庄出产的"波龙堡"葡萄酒获得银奖。

7.6.2 西北河谷盆地和浅山酿酒葡萄产区

该产区主要位于延庆区的延怀盆地，海拔高，昼夜温差大，阳光充足，雨水少，是葡萄与葡萄酒优质产地。目前该区葡萄种植面积已达 1.7 万亩，位居京郊之首，年产量 680 万千克，是中国葡萄科技创新的示范区。在中国申请获批了 2014 年"第十一届世界葡萄大会"的举办权后，延庆区又被指定为此次大会的承办地。为此，延庆致力于打造出一条葡萄酒产业带：规划发展 3 万亩酿酒葡萄区、3 万亩鲜食葡萄区和 48 处酒庄。

红叶庄园成立于 1998 年，位于延庆区康庄镇，属于怀涿盆地，是冷凉区和半干旱地区。该地光照强，昼夜温差大，土壤是混合的砂壤土和砂砾土，通透性好，微量元素丰富，生态条件极适宜酿酒葡萄的生长。红叶庄园生产的葡萄酒平均糖度都能达到 220 克/升以上，而且糖、酸、单宁可达到最佳平衡，呈香物质丰富。

7.6.3 东北山前缓地酿酒葡萄产区

该产区主要位于密云区，该区以突出地域特色，推动绿色产业融合发展，它以"酒乡之路为"主题，以"酒庄＋种植基地＋庭院经济"为特色，提高农民综合收入，努力将密云区打造为度假休闲胜地。最有名的张裕爱斐堡酒庄便位处此地，该产区地属大陆冷凉性气候，日照时数高，昼夜温差大，在葡萄成熟的前一个月几乎无降水，有效地促进了葡萄营养和糖分的积累，大大提高了葡萄的成熟度，含糖量可达到 230 克/升。选用的赤霞珠脱毒苗木由 1892 年张裕公司首次从西欧引入，现为我国广泛种植的红葡萄品种之一。有专家表示，此地可与法国的罗纳河谷、美国的纳帕河谷相媲美。

7.7 北京地区酿酒葡萄的竞争力分析

中国产业信息网发布的《2015—2020 年中国葡萄酒市场运行态势与投资方向研究报告》显示：2012 年中国葡萄酒产量为 6.91 亿千克，同比增长 16.9%；2013 年中国葡萄酒产量为 5.89 亿千克，同比下降 14.59%；2014 年中国葡萄酒产量为 5.80 亿千克，同比增长 2.11%。2014 年中国葡萄酒产地集中在华东地区，占比 34.56%；其次为东北地区、华中地区，分别占比

21.04％、15.35％；华南及西北地区产量相对较少，分别占比 0.22％、2.23％；北京 2014 年生产葡萄酒 701.43 万升，占全国总产量的 0.6％。

在进口葡萄酒享受"零关税"的政策红利之下，我国进口葡萄酒尤其是来自智利和澳大利亚等新区的葡萄酒数量激增。2014 年中国进口葡萄酒总量达到 3.83 亿升，同比上涨 1.59％。据中国食品土畜进出口商会酒类进出口分会统计，2015 年 1～5 月，由于关税减免我国进口葡萄酒数量同比增长 38.09％。2016 年 1～12 月约占葡萄酒进口总额 93％的瓶装酒量额双增，全年进口额 21.95 亿美元，同比增长 16.8％，增幅虽有所下降，但大大高于我国葡萄酒的增加速度。目前，法国、澳大利亚、智利三者市场份额合计占比原瓶装葡萄酒进口市场的 78.2％。法国领跑明显，市场占比高达 44％；澳大利亚市场占比 24.7％，居于第二；而智利的市场占比则为 9.5％。

目前，北京葡萄酒销售总额约 10 亿元，其中中高档葡萄酒多为国外品牌，主要是意大利、法国、美国、澳大利亚、西班牙、阿根廷等。北京是目前国内几大葡萄酒消费市场中，唯一适宜生产优质葡萄酒的大都市，也是未来葡萄酒市场增长空间最大的城市，是世界上很少能生产优质葡萄酒的首都之一。因此北京具有生产葡萄酒尤其是高端庄园葡萄酒的巨大潜力，发展高端酒庄酒在自然条件和消费市场上优势明显。房山区占地八十亩的波龙堡酒庄由中法合资兴建，成立于 1999 年。波龙堡葡萄酒是我国唯一一个通过中国、美国、欧洲有机认证的葡萄酒系列，成功进入巴黎 11 家高档餐厅，成为进入法国高端市场的唯一一款中国有机红酒，波龙堡等酒庄的成功为北京发展高端酒庄酒产业提供了宝贵示范作用和成功的经验。近年来北京葡萄酒产业的发展较快，延庆、怀柔、密云、门头沟、大兴等区均考虑发展葡萄酒产业。但是总体看酒庄规划和建设高端，但是自身葡萄酒的生产滞后低端，很多酒庄葡萄酒产量低，品质差，在销售上售卖国外进口的瓶装酒或散装酒现象突出。

7.8　北京发展酿酒葡萄的建议

从酿酒葡萄和葡萄酒的发展历史来看，早期葡萄酒是身份、地位和权势的象征，即使是现在，它也依然代表着高端的消费水平。从改革开放后的第一个五年计划开始，中国便将葡萄产业的发展提上日程，北京更是被当做首要发展城市，因其具有发展高端葡萄酒的优势。

北京不仅仅有世界知名的酒庄，也有世界上知名的葡萄酒品牌，有些甚至可以和一些法国顶级红酒相媲美。作为中国的首都，它比国内的其他任何葡萄酒产区都更具优势，其自身条件的优越，也注定了它会得到更多资源的倾斜。不论是每年的中国葡萄酒大会，还是2014年7月成功举办的"第十一届世界葡萄大会"，都带动了北京上万亩的酿酒葡萄种植园和酒庄的快速发展。如今，在全力发展的基础上，北京地区也朝着更规范化的种植、生产和加工方向努力，争取实现酿酒葡萄在种植上规范化和地域化；葡萄酒有标准，分等级；葡萄的种植和酿造法规更健全；葡萄酒文化营销更文艺。目前在葡萄酒发展上的建议主要有：

① 苦练内功，生产自己的高档葡萄酒　近年来北京葡萄酒庄园建设非常迅速，但是庄园里的葡萄酒却很少，质量多数也不高。如何提高酿酒葡萄的产量、品质和葡萄酒生产的工艺，生产出真正属于自己的高档葡萄酒，是当前北京葡萄酒产业发展急需解决的问题。一方面需要不断提高自身葡萄生产管理水平，特别是通过各类机械的使用降低人工成本、通过安全生产提高葡萄酒的食品安全性；另一方面也应该大力引进国外品牌酿酒企业来北京投资兴业，与每年大量进口国外葡萄酒相比，吸引他们来国内生产更有利于促进当地经济发展和产业提升。

② 依托葡萄酒庄，大力发展休闲文化产业　以葡萄酒庄为载体，大力发展文化体验、休闲观光等休闲文化产业，打造中国酒庄酒文化。文化旅游产业是发展葡萄酒产业的重要支撑，同时葡萄酒产业也有提升文化旅游产业的作用。葡萄酒产业的发展需与文化旅游产业协调，同时葡萄酒产业要根据自身的旅游形象定位来开发出具有差异化的葡萄酒文化产品，葡萄酒产业应定位于真正充满自然生机的田园风光和有着浓厚传统、地方特色的民俗文化，应充分利用和突出农业自然特色及其原始、纯朴的自然美；另一方面应结合区域文化旅游特点统筹发展，如开展商务休闲、观光体验等。

③ 积极宣传北京的葡萄酒，吸引消费群体　北京的消费市场背后仍隐藏着巨大的潜力，消费人数的变化带来的增长依然是未来市场变化的主要动力。如何让大家了解北京自身生产的葡萄酒，并消费北京的葡萄酒还有很多工作需要做。另外，中国年轻葡萄酒爱好者为市场不断地注入活力，他们对新鲜事物的好奇心与接受度都是葡萄酒消费的动因之一。通过亲子活动、体验活动等吸引家庭成员到酒庄参观游玩可起到较好的效果。

④ 发展线上销售新渠道　虽然实体葡萄酒庄和超市依然是北京葡萄酒主流的购买渠道，但互联网销售平台的成长势头不容小觑。葡萄酒智情机构 Wine Intelligence 2014 年中国葡萄酒调研报告预测，未来的中国葡萄酒市场中，线上渠道的葡萄酒销售实力只增不减。在 2014 年调查的受访者中，47％的消费者表示近期曾在网上购买过葡萄酒。在这一调查报告中同样值得关注的有趣现象还有，消费者在网上单笔购买的葡萄酒数量（平均每单 4.01 瓶）倾向于多过实体店的单次消费（均 3.39 瓶）。比起实体商店，线上葡萄酒销售平台拥有更低的经营成本，可以为消费者提供更经济的购买渠道，同时，足不出户就可以享受佳酿也是电商成功的重要原因之一。

8 北京市果品市场现状、前景和竞争力分析

8.1 北京市果品市场现状分析

2010～2015 年来全市果品平均年产量达到 9.2 亿千克，比"十一五"期间果品平均年产量（9.07 亿千克）增长 1.4％。2011 年全市果品年产量最高，达到 9.99 亿千克，2014 年全市果品年产量最低，由于夏秋季节遭遇严重干旱，全市果品生产受到影响，年产量仅为 8.3 亿千克。

"十二五"期间，全市年均干鲜果品收入达到 43.5 亿元，比"十一五"期间增长了 52.1％，最高年度是 2012 年，达到 44.1 亿元。

休闲观光采摘成为果农创收的重要形式，北京市百万市民观光果园采摘活动，取得了丰硕的成果。2013 年以来，休闲观光采摘围绕推动新农村建设，促进农民增收致富，按照都市型农业的要求，使传统果园由简单的"一产"业态向"生产、生活、生态"多功能拓展，以弘扬果品文化、普及果品知识为己任，精心设计、精心组织了一系列有创意、有特色、有影响的主题系列活动，为提升北京果品的认知度，推动京郊果业健康发展，做出了积极贡献。

农民合作组织为果业发展和果农增收提供了新的动力，目前全市鲜果经营主体 15.9 万户，经营面积为 107 万亩。目前，经营果园面积百亩以上者越来越多，其中包含不少大型企业（海升、日升、绿谷、正大集团和北京市供销合作社等）、投资者、种植大户经营千亩以上者也有不少，正在形成推动产业发展提升的龙头。果农合作组织由"十一五"末的 733 个调整到 604 个，吸收农民 49872 户，拥有果园 33.49 万亩，带动农户 67367 户，带动果园 41.59 万亩。全市以合作组织为单位统计的果品年产量达 2.2 亿千克，占全市果品产量的 26.6％。其中配送果品 1.69 亿千克，直接销往超市 5272 万千克，出口 500万千克，其他渠道销售果品 9580 万千克。

北京果品的主要销售方式有四种（刘芳等，2011）：一是果农自主零售形式，占 20％，价格在 4～10 元/千克。二是以本地或外地客商为主的产地市场销售，占 35％，价格在 3～10 元/千克，其中规模化树种产地市场销售比例达 48％。三是观光采摘销售果品，采摘主要以鲜果为主，春夏季、秋季成熟果品采摘比例较高，如温室栽植的桃、桑椹、樱桃、梨等，露地樱桃、桑椹、鲜杏等，70％～80％被踏青春游的市民采摘；葡萄、梨、部分晚熟桃、苹果等秋季成熟的果品越来越受到市民们郊游采摘的青睐，有 20％～

70％被采摘销售。四是通过农民合作组织实现农超对接。有 11％的优质果品通过种植大户、农民合作社与超市建立的直通道，直接进入超市。平谷大桃 35％通过超市直销。平谷各销售合作组织已与全国各地 67 家大型连锁商超对接，形成稳固的客源关系，在各大知名商超 900 余个分店都有销售平谷大桃，同时也带动了其他果品的销售。再有就是商超选定果品基地，由基地定时保质保量地配送，如沃尔玛集团在平谷夏各庄镇和镇罗营镇选定了 0.45 万亩的果品基地，农超对接可有效地减少中间环节，提高果品价值，从而为果农商家双方获取最大利润（表 8-1）。

表 8-1 2015 年北京市果品销售情况统计表 单位：万元

销售方式	区	苹果	梨	桃	葡萄	樱桃	核桃	板栗
配送、团购	顺义	210.6	282.7	74.1	80.5	9.7	0.0	0.0
	海淀	18.0	4.0	19.0		27.2		
	通州	0.0	5.0	30.1	50.5	0.5		
	房山		30.0		2.5	0.5		
	丰台	36.0	0.8	2.4	1.0		0.6	
	大兴		300.0	115.0				
	小计	264.6	622.5	240.6	134.5	37.9	0.6	0.0
超市	顺义	42.1	56.5	14.8	16.1	1.9	0.0	0.0
	通州	0.0	5.2	11.0	18.0	0.0		
	房山	0.6	35.0					
	大兴		550.0	100.0		1.0		
	小计	42.7	646.7	125.8	34.1	2.9	0.0	0.0
观光采摘	顺义	210.6	282.7	74.1	80.5	9.7	0.0	0.0
	密云	20.0	10.0	3.0	40.0	35.0		
	昌平	380.0	10.0	31.0	11.0	42.0		
	海淀	11.6	6.0	24.1	4.9	28.7		
	通州	32.0	33.7	219.8	338.8	74.4		
	朝阳	3.0	8.0	15.0	3.0	3.0		
	房山	13.3	459.3	12.0	8.5	10.6	5.0	0.3
	平谷	150.0	30.0	5346.0	2.0	8.0		
	怀柔	9.0	2.2	28.5	7.5	7.8		
	丰台	6.0			0.3	1.0		
	大兴		300.0	87.0	200.0	8.0		
	小计	835.6	1141.9	5840.5	696.5	228.2	5.0	0.3
外埠销售	房山		3.0					
京内批发	顺义	105.3	141.3	37.0	40.2	4.8	18.9	0.0
	昌平	0.0	32.2	123.3		11.9	160.0	304.5
	延庆	766.3			176.1		25.7	50.5
	海淀	7.0	1.0	116.1	0.7	1.0		
	通州	133.8	516.4	1225.2	161.3	73.6	44.4	

销售方式	区	苹果	梨	桃	葡萄	樱桃	核桃	板栗
京内批发	房山	6.6	368.9	355.5	61.5			
	怀柔	13.1	13.0	23.0	3.0			9.5
	大兴	206.0	2000.0	2000.0	300.0		7.0	
	小计	1238.1	3072.8	3880.1	742.8	91.3	256	364.5
坐地销售	顺义	1327.0	1780.0	466.8	507.0	61.1	0.0	0.0
	密云	1100.0	1800.0	305.0	275.0	38.0	317.0	1100.0
	昌平	935.0	45.0	168.0	26.1	10.6	258.6	29.5
	延庆	273.7	114.6	104.2	62.9		6.8	13.5
	海淀	14.5	12.3	18.7	7.8	21.1	2.1	
	通州	1034.9	633.0	1397.3	499.2	25.7	0.0	
	朝阳	8.0	20.0	20.0	8.0	3.0		
	房山	239.5	704.7	402.1	103.1	32.2	77.5	9.1
	怀柔	127.5	205.3	227.3	17.4	3.0	54.7	5.7
	大兴	14.0	950.0	1298.0	801.0			
	小计	5074.1	6264.9	4407.4	2307.5	194.7	716.7	1157.8
合作组织	顺义	210.6	282.7	74.1	80.5	9.7	0.0	0.0
	昌平	468.0	25.0	31.0	9.0	14.4	55.0	339.5
	延庆	54.7			12.6		1.7	3.4
	通州	11.5	14.0	146.2	1.2	28.7	0.0	
	房山	3.2	503.0	31.5	2.4	8.9	147.6	
	怀柔	28.9	150.0	32.7	4.0	3.0	33.8	406.3
	大兴		600.0	200.0	99.0			
	小计	776.9	1574.7	515.5	208.7	64.7	238.1	749.2
其他	昌平	13.0	0.0	0.0	0.0	0.0	2.0	0.5
	通州	74.6	3.7	470.4	46.1	0.5		
	房山	7.5	16.9	339.5	63.3	2.0	6.2	4.1
	怀柔	5.0	20.0	8.0		1.0	6.0	6.0
	小计	100.1	40.0	817.9	109.4	3.5	14.2	10.6

8.2 北京市果品市场的前景分析

北京 2014 年底拥有人口 2151.6 万，未来十五年内将控制在 2300 万，北京作为一个拥有巨大人口的国际化大都市，对果品有非常大的需求，而且对高档果品需求比例大，约占总量的一半左右。据估计，全北京市每天需要消耗果品近万吨，全年需要 300 多万吨，而 2014 年全市果品的生产量只有 90 万吨左右，只能满足 1/4 的需求，因此发展果品产业满足市场需求具有广阔的前景。北京的很多高档消费群体对于安全性高的有机果品、名特优果品有巨大的需求，对于观光采摘、生产体验、休闲娱乐、亲子互动、科普文化等类型的果园情有独钟(曹红亮等，2017)，因此北京果树的发展必然向高端化、多样化、融合化的方向发展。

北京的战略定位是政治中心、文化中心、国际交往中心和科技创新中心，如何落实首都城市战略定位、加快建设国际一流的和谐宜居之都，关键是缩小城乡差距，提高低收入群体的收入。当前，全市城乡居民收入比为2.57：1，收入差距依然较大，农民持续增收的难度有所加大，农村是北京全面建成小康社会，特别是高水平小康社会的最大短板。目前全市的低收入人口大部分都处于山区，尤其是边远山区，这些地区没有区位优势、缺乏人才、也不能进行采矿等资源型开发，发展果树产业和观光休闲产业是主要的方向。全面建成小康社会最艰巨最繁重的任务在农村、在山区。只有通过发展果树产业，大力促进山区农民增收，才能落实首都城市战略定位，统筹城乡发展，实现全面小康。

果树产业发展也是首都生态环境建设的重要方面，有利于治理"大城市病"，郊区、特别是山区是北京重要的生态屏障和水源涵养区，通过发展果树产业有利于提高绿化面积和生态环境。至"十二五"末，全北京市已拥有204万亩果树，占全市林木面积的18.6%，为全市林木覆盖率贡献8.1%。研究推算204万亩果树一昼夜可吸收二氧化碳13.6万吨，释放氧气9.9万吨。果树在固碳释氧、减排增汇、节能降耗、涵养水源、防风固沙和降低污染等方面发挥着重要作用。治理"大城市病"，需要在更广的空间内配置各类资源，城市功能疏解的主要承接地在郊区，特别是近郊和平原地区。这些地区本来就是北京市的主要果树产业带，将果树产业发展和城市发展相融合，在缩小城乡差距的同时提高对城市功能的承载能力，可为疏解非首都核心城市功能、治理"大城市病"创造更多有利条件。

8.3　北京市果树产业的市场竞争力分析

至"十二五"末，全市果树栽培总面积为204万亩，比"十一五"期间果树栽培面积减少了27万亩。由于城市化进程的加快，果树栽培面积减少，规模萎缩成为威胁果树产业持续稳定发展的重要因素。目前北京市自产果品的市场占有率不足25%，且土地成本、劳动力价格及生产投入品价格居高不下，在价格作为主要购买决策因素的批发市场，北京本地果品明显不具备价格优势，在果品产量和市场占有率上缺乏足够的竞争力，卖难局面依然严峻。

同时，北京作为国际化超大城市，需求多元化特征更加明显。随着生活水平的不断提高，消费需求进一步升级，消费者对安全、优质、特色、个性化果品的需求量急剧增长，用户体验需求增高，品牌意识增强。近十余年来，北京市果树产业走"高档、精品、特色"的发展路线，并通过发展绿色有机果品生产提高了果品的质量和安全性，因此，本地果品在高档产品竞争中具有较强的竞争力。

随着生活水平的提高，人们对果品的消费需求越来越趋于多样性，对安全高档、优质特色的果品需求量大增，果品产业正向着高档果品消费的方向发展。为了满足消费者对果品多样化的需求，近些年全市在恢复发展本地区名特优果品的同时，还从国内外引进优新品种上千个，使北京的栽培品种达到3000多个。果品的多样化已成为提升全市果品市场竞争力的一大优势。

京郊果园在发展观光采摘和休闲娱乐方面具有天然优势，"十二五"期间，围绕观光采摘的文化创意宣传活动使休闲观光果园的建设、果树产业取得了巨大的社会经济效益。2010年以来，每年京郊开放近千个观光果园，年接待游客超过千万人次，年采摘果品约3500万～4000万千克，采摘收入达到5亿元左右。通过观光采摘促销果品5500万～6000万千克，促销收入超过3700万元。北京市果树产业已成为服务首都市民的健康休闲产业，对于推动京郊新农村建设，为市民提供观光、休闲、采摘、娱乐等生活和文化服务具有不可替代的作用。

9　结语

在北京市园林绿化局大力支持下，项目组成员相互配合，圆满完成了任务书规定的各项任务。

1. 根据北京市"十三五"果树产业发展规划及现有各果树产区发展历史和生产现状分析，采用文献调查和档案查对，利用定量和定性相结合的方法，确定了北京市主要果树树种优势产区区划的直接生态因子和间接生态因子符合度，提出北京果树产区区划的原则、指标体系及具体方法，为北京市果树产区划分提供了科学依据。

2. 根据北京市不同果树产区气候条件、地貌特点、土壤类型、种植面积、品种构成、质量状况、生产技术水平、目标市场和发展潜力等，对北京市现有各种果树产区进行综合分析评价，提出北京果树产业合理区划，确定了7种主要果树的主产区分布。

3. 研究分析世界及中国葡萄和葡萄酒产业的发展现状及趋势，评价北京葡萄产区的气候及风土条件，根据北京市葡萄和葡萄酒产业发展现状、自然条件、人文历史、用地规划、发展潜力及市场状况，初步形成北京市葡萄和酿酒葡萄酒产区规划。

4. 在进行产区规划的基础上，根据北京市各主产区果树生产的现状和具体问题，有针对性地提出了发展和政策建议，以期为北京市果树产业可持续发展提供决策依据。

参考文献

[1] 蔡福，于贵瑞，祝青林，等．气象要素空间化方法精度的比较研究：以平均气温为例[J]．资源科学，2005,27（5）：173~179.

[2] 曹红亮，董家田，刘增金．上海发展休闲农业的优劣势及趋势分析：与江苏、浙江、北京、广州对比[J]．江西农业学报，2017,29（8）：140~144.

[3] 陈杰忠．果树栽培学各论[M]．北京：中国农业出版社．2003.

[4] 陈尚谟，黄寿波，温福光．果树气象学[M]．北京：气象出版社，1988.

[5] 崔建潮，王文辉，贾晓辉，等．从国内外甜樱桃生产现状看国内甜樱桃产业存在的问题及发展对策[J]．果树学报，2017, 34（5）：620~631.

[6] 范志远．甜柿引种气候区划[J]．云南林业科技，1998, 84（3）：67~72.

[7] 郭文利，王志华，赵新平，等．北京地区优质板栗细网格农业气候区划[J]．应用气象学报，2004, 15（3）：382~384.

[8] 郭兆夏，李星敏，朱琳，等．基于GIS技术的陕西白梨气候区划[J]．果树学报，2010a, 27（5）：698~670.

[9] 郭兆夏，朱琳，李星敏，等．基于GIS技术的陕西砂梨气候区划[J]．经济林研究，2010b, 28（2）：88~91.

[10] 韩蓓蓓．陕西省五种主要经济林树种气候区划研究[C]．杨凌：西北农林科技大学，2010.

[11] 何可杰，李建军，杨婷婷，等．基于GIS的宝鸡市苹果气候区划[J]．陕西农业科学，2014, 60（10）：59~61.

[12] 何临，李华，杨碧波，等．北京休闲农业众筹融资现状与发展探析[J]．农业展望，2017, 13（8）：18~24.

[13] 黄寿波，沈朝栋，郁怡文，等．我国板栗气候生态区划探讨[J]．湖北气象，1998（3）：23~25.

[14] 吉志红，陈敏，张心令．基于GIS的三门峡市苹果种植气候适宜性区划[J]．气象与环境科学，2015, 38（1）：61~66.

[15] 贾敬贤，贾定贤，任庆棉．中国作物及其野生近缘植物[M]．北京：中国农业出版社，2006.

[16] 靳爱仙，李秀根．我国早熟梨品种区划研究[J]．西北林学院学报，2006（6）：105~107.

[17] 李斌，江铭诺，龙步菊．基于GIS技术的山西忻州精细化酥梨气候区划[J]．科技与创新，2016（18）：13~16.

[18] 李传友，赵丽霞．北京市果树机械化程度调查与发展建议[J]．中国果树，2014（2）：82~84.

[19] 李丁．北京干果产业发展分析．现代化农业，2010（11）：23~26.

[20] 李红，赵忠，杨勇，等．陕西省涩柿适宜栽培区的划分[J]．西北林学院学报，2009, 24（4）：76~79.

[21] 李红英，张晓煜，韩颖娟．基于GIS的中国北方干红酒用葡萄品种生态区划[J]．生态学杂志，2014, 33（11）：3081~3087.

[22] 李建黎．美国果树产业特点对北京果树产业发展的启示[J]．北京农业，2007（1）：30~31.

[23] 李明，赵改荣，刘聪利，等．国内外欧洲甜樱桃主产区生态气候比较与分析[J]．果树学报2014, 31（S1）：169~174.

[24] 李倩，王莹，林毅，等．基于GIS辽宁省'红富士'苹果农业气候区划[J]．中国农学通报，2013, 29（28）：173~178.

[25] 李载龙，罗卫红，庞振潮．世界主要桃产区气候条件模糊聚类分析与基因资源生态型的研究[J]．应用生态学报，1994, 5（3）：245~250.

[26] 李治洲．基于GIS技术的福建若干果树用地区划[J]．福州：福建农林大学，2010.

[27] 刘聪利，赵改荣，李明，等．基于系统聚类的河南省甜樱桃栽培气候区划研究[J]．果树学报，2014, 31（S1）：175~179.

[28] 刘芳，王琛，何忠伟．北京水果蔬菜流通渠道及消费模式研究[J]．北京社会科学，2011（3）：30~34.

[29] 刘文平，武永利，赵永强，等．山西省主要优势作物的农业气候区划[J]．干旱区资源与环境，2016, 30（3）：140~145.

[30] 刘宪杰．北京都市农业发展路径研究[J]．中国国情国力，2016（9）：63~66.

[31] 刘玉，郗允兵，孙超，等．北京市果业发展现状、面临问题及对策研究[J]．北方园艺，2015

（4）：174～177.

[32] 罗国光，吴晓云，冷平．华北酿酒葡萄气候区划指标的筛选与气候分区[J]．园艺学报，2001，28（6）：487～496.

[33] 骆咏，傅松玲，张良富，等．海拔高度对山核桃生长与产量的影响[J]．经济林研究，2008，26（1）：71～73.

[34] 马俊哲．关于北京葡萄与葡萄酒产业发展的思考[J]．北京农业职业学院学报，2015，29（5）：10～15.

[35] 权维俊，赵新平，郭文利，等．专家分类器在京白梨气候区划中的应用[J]．气象科技，2007（6）：849～852+ 909.

[36] 孙平平，王文辉．世界苹果、葡萄和梨产量、市场及贸易情况（2015年12月）[J]．中国果树，2016（3）：94～100.

[37] 汤国安，杨昕．ArcGIS地理信息系统空间分析实验教程（第二版）[M]．北京：科学出版社，2017.

[38] 田俊，陈锋．九江地区无核柿种植气候可行性论证及区划[R]//全国农业气象与生态环境学术年会．南昌：中国气象学会，2006.

[39] 田志会，郭文利，赵新平，等．北京山区农业气候资源系统的模糊综合评判[J]．山地学报，2005，23（4）：507～51.

[40] 王建源，冯晓云，薛德强，等．GIS在泰安市板栗农业气候区划中的应用[J]．中国农业资源与区划，2003，24（5）：46～48.

[41] 王静，张磊，张晓煜，等．中国苹果气候区划方法研究进展[J]．农学学报，2014，4（10）：99～102+ 124.

[42] 王蕾，李华，王华．中国葡萄气候区划Ⅰ：指标与方法[J]．科学通报，2017，62（14）：1527～1538.

[43] 王力莹，朱更瑞，左覃元．中国桃品种需冷量的研究[J]．园艺学报，1997，24（2）：194～196.

[44] 王锐婷，李金建，杨涛，等．基于GIS的四川省油桃精细化农业气候区划[J]．中国农学通报，2013，29（35）：355～361.

[45] 王宇霖，宗学普，魏闻东．全国桃区划研究[J]．果树科学，1984（2）：12～24.

[46] 魏巍．京津冀一体化下北京新型节水农业的发展方向与策略选择[J]．经济研究导刊，2017（25）：19～20.

[47] 温丹．京东板栗农业地质环境适宜性评价研究[C]．保定：河北农业大学，2007.

[48] 吴春艳，刘勇洪，李慧君，等．北京种植桃气候适应性及优势分析[J]．气象科技，2010，38（1）：129～132.

[49] 许昌燊．农业气象指标大全[M]．北京：气象出版社，2004.

[50] 杨全合，冯辉，黄勇，等．北京平谷大桃产地土壤环境与地质背景研究[J]．城市地质，2013，8（1）：28～31.

[51] 姚圣贤，康桂红，孙培良，等．利用GIS技术对樱桃进行气候区划[J]．山东农业大学学报（自然科学版），2006，37（3）：377～380.

[52] 叶回春．北京土壤肥力及其关键要素空间变异与尺度效应研究[C]．北京：中国农业大学，2014.

[53] 尹盟毅，刘新生，权文婷，等．基于GIS的咸阳富士苹果优质生产气候区划[J]．陕西农业科学，2014，60（9）：46～49.

[54] 张福兴，孙庆田，孙玉刚，等．我国甜樱桃种植区划研究[J]．烟台果树，2016（1）：1～3.

[55] 张开春，闫国华，张晓明，等．中国甜樱桃的栽培历史、生产现状及发展建议[J]．落叶果树，2017，49（6）：1～5.

[56] 张龙，程晓仙，肖长坤，等．北京都市型现代农业发展的现状、困境与改革方向[J]．科技和产业，2018，18（7）：33～37.

[57] 张龙，栗卫清，何忠伟，等．北京农业社会化服务体系发展趋势探析[J]．农业展望，2017，13（6）：84～88.

[58] 张强强，霍学喜，刘军弟，等．世界苹果产销格局及市场动态预测分析[J]．世界农业，2016（7）：147～152+ 248.

[59] 张瑞，成钰厚．北京市果品销售现状分析及提升政策建议[J]．绿化与生活，2014（4）：4～9.

[60] 周萍．北京地区葡萄品种生态区划研究[C]．乌鲁木齐：新疆农业大学，2004.

[61] 朱启酒，施海，马雪雁，等．北京地区林果产业发展及从业人员调查与研究[J]．北京农业职业学

院学报，2013，27（4）：31～36.

[62] Huang SB, Chen ZY, Shen CD, *et al.* A Study on Climatic Subdivisions for the Viticulture in China. J. Zhejiang Univ. （Agric. & Life Sci. ），2000，26（6）：670～674.

[63] Jackson DI, Cherry NJ. Prediction of a district's grape-ripening capacity using a latitude-temperature index（LTI）. Am. J. Enol. Vitic. ，1988，39（1）：19～28.

[64] Li Z. Peach germplasm and breeding in china. Hort. Science，1984，19（3）：348～351.

[65] Puglisi E, Del Re AAM, Rao MA, *et al.* Development and validation of numerical indexes integrating enzyme activities of soils. Soil Bio. & Biochem. ，2006，38：1673～1681.

[66] Puglisi E, Nicelli M, Capri E, *et al.* A soil alteration index based on phospholipid fatty acids. Chemosphere，2005，61：1548～1557.